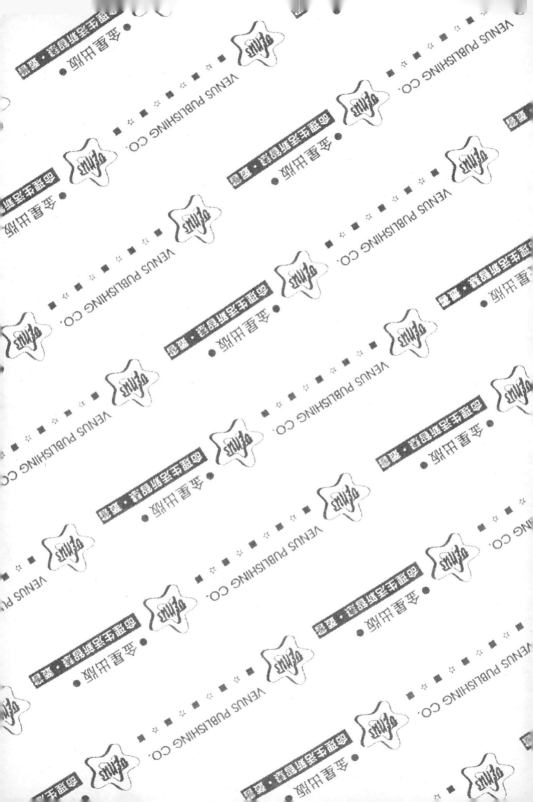

命理生活新智慧・叢書 45-1

如何推算
大運・流年・流月
《上冊》

《修訂一版》

金星出版社 http://www.venusco555.com
E-mail: venusco555@163.com
venusco@pchome.com.tw
法 雲 居 士 http://www.fayin777.com
E-mail: fayin777@163.com
fatevenus@yahoo.com.tw

金星出版

國家圖書館出版品預行編目資料

如何推算大運、流年、流月《上》／
法雲居士著， --臺北市：
金星出版：紅螞蟻總經銷，
2011年2月 修訂一版； 冊 ；公分—
（命理生活新智慧叢書；45-1）

ISBN 9789866441332（上冊：平裝）

1.命書

293.1　　　　99015520

如何推算大運、流年、流月《上》《修訂一版》

作　　者：法雲居士
發 行 人：袁光明
社　　長：袁靜石
編　　輯：王環琪
總 經 理：袁玉成
地　　址：台北市南京東路三段201號3樓
電 電話：886-2--25630620•886-2-2362-6655
傳 FAX：886-2365-2425
郵政劃撥：18912942金星出版社帳戶
總 經 銷：紅螞蟻圖書有限公司
地　　址：台北市內湖區舊宗路二段121巷19號
電　　話：(02)27953656(代表號)
網　　址：http://www.venusco555.com
E-mail：venusco555@163.com
venusco@pchome.com.tw
法雲居士網址：http://www.fayin777.com
E-mail：fayin777@163.com
fatevenus@yahoo.com.tw

版　　次：2011年2月　修訂一版
登 記 證：行政院新聞局局版北市業字第653號
法律顧問：郭啟疆律師
定　　價：280元

行政院新聞局局版北字業字第 653 號
(本書遇有缺頁、破損倒裝請寄回更換)

ISBN :9789866441332（平裝）

序

每當年末入冬的時候，就是命理界最忙的時候。有很多人急著找命理師批流年。有的人甚至要求命理師幫他排出來年中每一天的流日出來，好逐日照章行事，或是查看賺錢日。而我呢！寧願親自教授來問流年的朋友，如何排流年、流月、流日的運程，也不太喜歡做批流年的工作。因為一方面這是極簡單的事。另一方面，我長年寫稿，造成手部酸痛，批流年少說也要寫二千字左右。來的人又多，寫起字來十分可觀。況且有些人除了十二個月的運氣要知道以外，還想全年三百六十五日的運氣都要評批出來，十分瑣碎。當我表示最多只排到流月的部份時，有些人卻堅持說：我多付給你錢嘛！一定要全年流日的推算書。

我有時覺得奇怪？為什麼我願意教你。你卻不學呢？這是非常簡單的事。有了這個知識，不是隨時隨地可用？就不須年年花錢求人了嗎？有的人可能對自己的自信心不夠，害怕自己算不準，寧可求保險，要老師幫他排，以為這樣就可買個保證了。事實上，每個人做自己的命理師，才會做的最周到，最貼自己的心。別人只是給你提個醒，你有時自己忘記去看流年批注中所顯示的內容，一樣是不保險、會有傷災、災禍或車禍產生的。人常常會在事情發生之後才拿流年批注出來看，為時已晚。自己會替自己批流年、流月，印象比較深刻，反倒有助於躲禍、解厄、解危難，或有助於事先準備進財日、或於暴發運爆發之前的預做準備。因此在我覺得：自己會推算『流年、流月、流日、流時』，可以運籌帷幄，事實上是好處多多，又沒有弊端的。

每個人可以在每一年的年尾，收到新月曆和新日曆時，或是買到新的農民曆時，就可以為自己的下一年來排『流年、流月、流日』了。這時候你喜歡怎麼排都行。是專門把十二個月排出來，或是把三百六十五日全排出來都行。你可以把有傷災、危難的日子排出來，或運氣不好、低落的日子挑出來，用粗黑的筆劃圈、打勾。也可以把進財日、吉祥日、暴發運的日子、適合應付考試的日期、面試的日期用紅筆圈起來，以示提醒。

當然你更可以把十二個月份的流月做一個評估，看那一個月份最優良、進財最多、運氣最好。也可以看出那幾個月份是中平的等級的。以及那些月份是大黑月，運氣極差，亦可能是有傷災血光的。評定以後，你便可知道，在那幾個好運、吉祥日要努力打拼，使自己的收獲多了。而那幾個月份是要靜守忍耐，等不好的運氣度過。也可看出那個月份會有傷災、車禍、火災、燙傷、水厄或是遭侵害的月份，要小心防範了。只要小心過日子，你的日子就會平順、祥和，一生一世做個有福氣的人了。倘若是不愛小心、怕麻煩，凡事矇懂過日子的人，那你即使排了『流年、流月』，也是對你無用的，只是多此一舉罷了。

排算『流年、流月、流日』是在規劃我們的時間，挑撿我們的吉日來努力奮發，增長運氣。同時也是在規劃我們的人生，因此具有多方面的意義。並且也是在現今科技及經濟並重的時代中，把我們的人生做企管類型規劃，利用高資訊、運用最佳時間模式的現代人生觀。各位朋友！看守好你的人生，就先看守好你的大運、流年、流月、流日吧！願與朋友共勉之！

法雲居士　謹記

命理生活叢書45-1《修訂一版》

如何推算大運、流年、流月《上》

目錄

1 批流年到底批什麼？／013

《下冊目錄》

八字王－－八字算命速成寶典

法雲居士⊙著

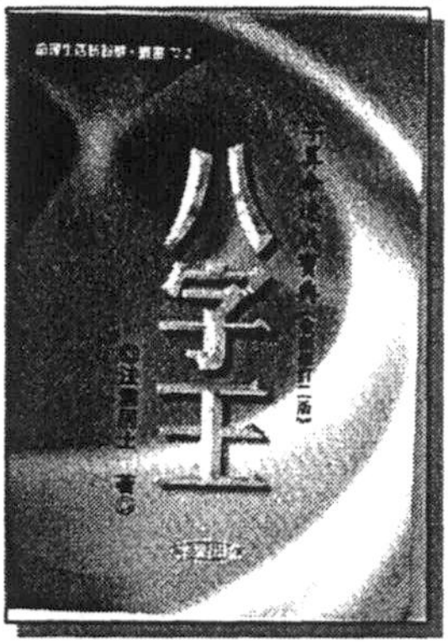

人的八字很奇妙！『年、月、日、時』明明是一個時間標的，但卻暗自包含了人生的富貴貧賤在其中。

八字學是一種環境科學，懂了八字學，你便能把自己放在最佳的環境位置之上而富貴享福。

八字學也是一種氣象學，學會了八字，你不但上知天文、下知地理，不但能知天象，還能得知運氣的氣象，而比別人更快速的掌握好運。

每一個人的出生之八字，都代表一個特殊的意義，好像訴說一個特別的故事，你的八字代表什麼特殊意義呢？在這本『八字王』的書之中，你會有意想不到的、又有趣的答案！

紫微手相學

法雲居士⊙著

這本書是結合紫微斗數的精華和手相學的精華，而相互輝映的一本書。

手相學和人的面相有關。紫微斗數中每種命格也都有其相同特徵的面相。因此某些特別命格的人，就會具有類似的手相了。當紫微命格中的那一宮不好，或特吉，你的手相上也會特別顯示出來這些特徵。

法雲居士依據對紫微斗數的深刻研究，將人手相上的特徵和命格上的變化，一一歸納、統計而寫成此書，提供大家參考與印證！

1 批流年到底批什麼？

每當年末十一、十二月的時候，大家私下裡就會忙碌起來了。尤其是拿到新的年份的月曆時，彷佛就有人在提醒你要批一下次年的流年了。當然，有些當年度財不順的人，或是碰到生意不好的人，會更早一點開始看次年的流年運程，希望下一年會是一個豐收年，藉此安慰自己今年的不順。

到底批流年有沒有好的效果呢？這就要看你次年的流年是不是好運年了？就像『紫微在巳』、『紫微在亥』兩個命盤格式中有四個空宮運和一個廉破運連在一起，等於接連五個年頭運都不強，倘若空宮運中再有羊、陀、火鈴、劫空進入，那就只好嚴陣以待，穩住心情、安份、守份、小心過日子，以防有災禍發生了。不過，這兩個命盤格式的人，若在丑、未宮的空宮中有火星或鈴星進入，倒是有暴發運和偏財運的，這是極佳的旺運，倒是讓人振奮的消息，就不為厄運了。

空宮的運氣怎麼看

在十二個命盤格式中，除了『紫微在寅』、『紫微在申』兩個命盤格式的人是沒有空宮弱運的機會，其他八個命盤格式的人，都有兩個空宮弱運的機會，也就是有兩年是空茫弱運的時候。通常我們看空宮弱運的運程，是由對宮的星曜相照，轉借而來。再來斷定此空宮弱運的運程好壞。

例如卯年是空宮弱運，對宮酉宮是紫貪，相照到卯宮，我們就以紫貪的運氣來斷卯年的運氣。但是空宮運程究竟是屬於空茫的運氣，它是不能和酉年正坐紫貪運來相比、相提並論的，也總是差一點的。

又倘若卯宮的空宮中進入祿存，而相照的是紫貪運。就以祿存為卯年的流年運氣，並且在這流年運氣中而又會帶有一些紫貪的特質的運氣。簡而言之，你在卯年的財會有留存積蓄，但這積蓄錢財的格局，就只有紫貪的規格而已。是一種看起來平順祥和、財不多、財運也不大，賺的是高尚、平穩的財，是薪水階級的財，是保守、小心、從容不迫的財。用度方面，也是小氣的，自保的型式，會儲存，不會耗財，也不會隨意花掉、也不會借給別人。在賺錢的機會上，是很愛賺錢，但是賺錢機會有一些，並不多。並須辛苦勞碌、一點一滴的去賺。這是一個財運尚稱順利，除吃穿花用之外，仍能有節餘存款的一種普通運程，算是好的運程。在此運程中，倘若再有文昌星出現在『子、午、卯、酉』四個宮位，或在『卯、亥、未』或『申、子、辰』等宮位出現，你就具有『陽梁昌祿』格。在卯年的流年中，你也會有考試運及升官運。在考試和升官上是必中的。

倘若相照卯宮的紫貪和火星或鈴星同宮，那你在卯年中，當流月逢酉宮的這一個月，會有小偏財運或小暴發運。在酉年行經酉宮的流月會有較大的偏財運。

倘若卯宮是火星或鈴星獨坐，又有紫貪在對宮相照，則在卯年行經卯宮和酉宮的月份都有偏財運。在酉年也是一樣，在行經卯宮或酉宮的流月也都有偏財運。而以在火星，或鈴星獨坐的月份，偏財運是快發、較大的。但其中仍以火、鈴在酉宮暴發偏財運的能量稍高，得財較多一點。

批流年的內容

一般人愛批流年首重財運、事業運。其次是升官運、考試運。再其次是結婚、生小孩等看『年』是否適合？有一些人也會計劃購買房地產，預測順利度和是否存留？或是想開業做老闆，或是做其他的投資，想預先預測是否會順利？或是時機對不對？

近年很多人赴大陸或海外投資，動則千萬、上億的資金跟著移動，於是心生抉擇上的猶疑，會先看後幾年的流年跟大運，一起來判斷是否值得投資？以上這些買房地產、開業及投資計劃，實際應歸類在財運和事業運之中了。

另外還有一些人因父母或家人生病或久病，內心懸念，會為父母或家人來排流年，看看健康是否會改善，病能好起來！

還有一些人因經濟萎縮，公司裁員風氣盛行，自己擔心隨時會被裁員，而想藉由流年來預測工作是否穩定，也會有人因工作職務的風風雨雨，內憂外患，心生倦怠，而想提早退休，想藉流年批註來評判退休的早晚是否得宜。還有些人已經遭到裁員惡運，急需開創職務工作的第二春，要藉由流年來判斷出何時能有新工作企機？當然新加入職場的應屆畢業生也會藉由『流年』來找出能找到工作的好時機在何月份？

早年我在新店論命時，有許多工業區的老闆都會來找我算出何時能進財，何時能確切收到L/C。當然在發生商務糾紛時，也希望能算出在何時、在何地，用什麼樣的方法來解決是最好解決的方式。

有一些人有官非、打官司的問題，也會來找我看看能在何時告一段落或是解決的方法等等。就像命格中有『廉相羊』『刑囚夾印』的格局的人，逢『刑囚夾印』年（多半是子、午年），肯定會遇到官非問題或被告、打官司的問題。就連每一年中，流月行經『刑囚夾印』格局的這一個月，或連對宮的這個月，也都可能會有官司、不順、挨告、收罰單特多，有理說不清的狀況。當然他自己也會有頭腦想法固執、觀念頑固不化、理財能力不佳、說話沒份

1 批流年到底批什麼？

量、得不到別人的尊重，會受人欺凌的現象。因為『刑囚夾印』的格局，就是『刑印』和『刑福』的格局。『刑印』會讓人沒有權力，失去主控力，受侵害，無力抵抗、懦弱。『刑福』就是沒有福氣承受財祿和好運，以及無福享受清閒、平順、祥和的生活。

每年多半以舊曆年為一個分界點，舊曆年前，要排流年的人，多半以求財為主，來問次年的財運如何？工作順不順利？舊曆年以後，要排流年的人，問題的型態就較為多樣化了。

批流年有助子女教育

有的父母來為子女算考學校考不考得上？順便對子女的性格、習性、內心的想法做一些探詢。很多父母都不太瞭解自己的子女，總以為現在的小孩是新新人類了，和自己以前有很大的不同。這是由於他們缺乏觀察和認真要瞭解子女內心真正需要的是什麼？這是『人』這個『個體』與『個體』之間相互聯繫與呼應的關係之問題。但大多數的父母都推說很忙，而無暇顧及子女的感受。等到小孩讓你愈來愈不瞭解，或是小孩做了錯事時，而讓你驚訝莫名。再回頭過來找尋原因，再來重新瞭解子女的性格，這時能求助的，最簡便的方法只有找命理師算算命了，而紫微斗數的命理方法就是從此人的內心深處來解剖、分析他最徹底、最深入直接的方式了。這不但從人外表之表象的行為模式研究起，更能深入探討其人內心深處隱藏的想法和觀念，以及其最深銘內腑的、刻骨銘心的愛惡情仇，使人性真實的良善與邪惡雙重面貌，像面對一面鏡子一般顯露出來。

每一個小孩也是一個『人』的個體，每個『人』，都有運氣起伏、上下遷動的狀況。小孩也和大人一樣，會隨運氣起伏而形成情緒的起伏。有時候，小孩不乖、不好教養、不聽話，交上壞朋友，喜歡和朋友鬼混，讀書不專心，和父母、師長頂嘴，或在學校和同學打架鬧事，或遇禍事、受傷等情形，這些都源自於運氣不好。小孩不乖時，父母生氣，常打罵，卻不曾從小孩的角度設身處地的為他著想。想一想，為什麼小孩變成這樣？是不是他遇到什麼困難？是在家中遇到的？還是在學校遇到的？還是真是運氣不好呢？

1 批流年到底批什麼？

就像巳年，就有許多小孩脾氣暴躁，不服父母管教。我曾在『如何轉運・立命』一書中談及巳、亥年都有百分之七十的人運氣不好了。這其中當然也包括了很多小孩子。所以在巳年就有許多父母是來向我問小孩狀況的問題的。當小孩運氣變好時，自然也會乖巧，也會愛讀書，在家中，在學校都能受到尊重了。這也是我在巳年為一些父母解決教育問題的一項重要工作之一。

批流年看考運、升官運

有關於預測考試運方面，據我的觀察，成績好，有實力的人，多半不須要用排流年的方式來預測考不考得上。他們是有自信、按部就班的讀書。他們心知肚明，一定會考上，只是名次的高低而已。只有成績差，大致在錄取邊緣，或是差得很多的人，才心存僥倖的心理，來用流年、流日預測考試上榜的機會。

其實，據我的觀察所致，具有完整的『陽梁昌祿』格的人，會讀書讀的輕鬆，並且雖至運氣不好的年份也可考得上學校。例如有一位具有『陽梁昌祿』格的學生，在巳年走廉貪運考大學，也考上中原理工大學。另有一位具有『陽梁昌祿』格的學生，在巳年走天機居平運，也考上私立輔仁大學的碩士班等等，這些都是我親眼所見的。由此可證明：具有『陽梁昌祿』格的人，雖不在行運『陽梁昌祿』之年份，更可能行衰運、弱運的年份，仍能有好的考試成績，考得上學校，更由此可觀之，倘若他們在好運年，會考上更好、學校排名更優等的學校。

而至於那些具有不夠完整的『陽梁昌祿』格的人，例如有『陽梁昌』而沒有『祿』的人，或是折射、反射都不成格局的人，即使行運在太陽運、天梁運、文昌運，化祿或祿存運，考試成績都可能不理想的，是也許考得上，也許考不上，端要看你的成績是否很紮實，是否是真的經得起考驗了。

不過呢？我還是要報告一個好消息給這些不具有『陽梁昌祿』格的人，或是具有不完整型的『陽梁昌祿』格的人，只要在你的命盤中太陽星、天梁星、文昌星，化祿及祿存星是居旺、居廟的，又逢這些星的年份，你仍然有百分之八十的機會考得上學校。只是學校的好壞，成績的高低要看實際情況而定了。你可能不能做太大太高的冀望。

巳年，我的一位學生在上課時，要我幫他的女兒根據流年做考學校的預測，他的女兒要考四技，流年是太陽居旺運，考試的流月是太陰化科居旺的運程，看起來十分不錯。我們預測是一定考得上的。但是放榜時，流月已至貪狼化忌運了，四技沒考上，卻分發至二專去了，學生的女兒哭得很厲害，幾乎拆了我的招牌，也讓我為她難過了很久。所以說，『陽梁昌祿』格不完整或不具有此格局的人，都不能掉以輕心，也要根據自己的實力來做估測。也不可以為運氣好，就把希望目標放得太高，實際上，考試這種競爭，仍是『盡人事，聽天命』的自然法則，是根本無法強求的了。

倘若在你的命格中，根本就沒有『陽梁昌祿』格，而天梁居陷、太陽居陷、文昌居陷，又沒有祿，甚至又走到衰運、弱運，也不在陽、梁、昌、祿的運上，不論升官或考試，你就根本不必麻煩的去想它了，反倒可以了無牽掛的過日子，不用煩惱了。有一位女士，對在銀行上班的夫婿寄以厚望，望夫成龍的心很迫切。她的先生已在幾次升等考試中失利，因此在巳年來找我幫她算算當年是否可考得上而晉升等級。在巳年，她的先生又走廉貪運。在命格中又是天梁陷落、太陽陷落的格局，而且此人又沒有『陽梁昌祿』格，故是沒有貴人，也沒有大運氣的人。自然在巳年逢廉貪運，這個所有運氣中最低的運氣，人緣、機會皆不佳，智力、智謀又最低的時候，要參加升等考試是絕無機會的了。即使這位女士再企盼、再鞭策其夫婿，只是引起家庭失和的機會多而已了，真正是沒有幫助的。只有等待來年巨門居旺運，因次年的（午年）流年還移宮是天機居廟。巨門運本身就是好爭鬥、好競爭。巨門居旺時，就有競爭的能力與原動力，再加上外界環境中有許多變動的因子，是愈變愈好的狀況，愈變愈對他有利的狀況，自然考試升等的機會就很強勢了，況且還可能有破格任用、異軍突起的機會。這和廉貪運有一百八十度的大轉變，其人因有競爭的原動力，把握住機會的智慧和能力也增強，自然是升官的機運大好的了。只不過，這種巨門居旺運是夾雜著是非、災禍的因素，也就是當他服務的機構在發生事故，或同事間有紛爭的時候，就是他應變而起的時候。所以說，這也是『危機就是轉機』的意思了。

批流年對於傷災、性命的保障

至於根據紫微命理在批流年於攸關人的性命和傷災、水災、火厄方面的防範，就是非常非常的靈驗與確實的了。時間抓得準，主要是因為紫微命理已較其他命理進步到已入『時』和『分』的時間單位了。因此在時間的掌控上已十分精微。

一般人最容易出現的傷災，多半是車禍的問題，或身體生病要開刀，也會有遭受外物的傷害或摔傷出血光的情形。例如行運到羊、陀、火、鈴、七殺、破軍的流年、流月，就要小心有血光的問題了。其中尤以擎羊在『大運、流年、流月』或『流年、流月、流日』或是『流月、流日、流時』在三重逢合時為嚴重。擎羊代表的是金屬的傷害而有出血的血光問題，包括了車禍、受傷、開刀等狀況。倘若命格中有擎羊加火星的流運，逢到時，若是出車禍時，還會有火燒車，因車禍起火燃燒，人被火燒有火傷的狀況。也會在該『火羊運』中，逢火災，傷及身體出血，或因火災有性命之憂。擎羊和鈴星同宮的運程也是一樣的，出在車禍方面的情形特別嚴重，可能會身體發炎，引起併發症，傷害性命。在許多因火災身亡的人的命格中，多半是運氣不好，逢火運的流年，而又在流月中走擎羊運，火、鈴運而逃生不易。

在火災方面：

代表火災的星曜有太陽、廉貞、火星、鈴星、紅鸞、化忌、天刑、和羊陀。當這些星在同宮或相互對照時，同宮的流年和對宮的流年都容易有火災。例如廉貞加火星或廉貞加鈴星的流年在寅、申宮，也就是寅、申年會遇火災，須要細算流月、流日，可知道發生日子。發生的時間就在寅時或申時。

又例如太陽、火星、天刑或紅鸞同宮或相照，也要小心防範火災。如果再有化忌和羊陀同宮或相照，火災中一定有傷亡事件。這種火災的格局尤其在子、午年和巳、亥年最容易遇到了。

太陽、火、鈴和巨門同宮時，是火災後有是非、災禍產生，可能會打官司打很久。倘若又有擎羊在三合宮位中，此次火災可能是由於其人心中鬱結而放火，想自殺，想和別人同歸於盡的火災形式。

在水災方面：

在流年中預測水災、水厄、水難的問題，首先要看破軍和文昌及文曲，是否有同宮的格式，或在對宮相照的格式。以在同宮的格式為最嚴重。在對宮相照的格式較輕，但仍會發生亦要防範。

例如在辛巳年台灣所發生的多次水患和土石流中，受災的人就以武破、文昌或武破、文曲或是帶武曲化忌的流年運程的人較多。而且很可能有性命之災的人，就屬於這種水厄格局的人。某些在辛巳年走天相運的人，也會受一些水災連帶的災害，例如相關的事業機構或親朋好友成為受災戶，連帶的使自己也耗了財，有了損失。天相運本是福運，但在巳宮為居得地之位。況且天相也屬水，故與水災脫不了關係。但它仍是福星，經過打理，情況不嚴重，也能平順度過，只是忙碌操勞了一點而已。天相原本也是顆勤勞的福星，經過勞動和整理，是可以看不出損失來的。

當然在辛巳年受水患之苦的人，還有走廉貪運和巨門運的人，或天機居平運、太陰陷落運，或天梁陷落運及空宮運的人，自然，這些人都有層次上不同的災害。

廉貪運是沒有好運，運氣低落，貪狼好運星落陷了，廉貞這顆智謀之星也陷落了，因此智慧不足，沒有好的處理方式更增加了壞運的深度。況且人緣、親和力也不好，處處受制，貴人也沒有，自然是每下愈況的境地。如果再運氣不好，大環境不佳遇到災害，此人就遭災的比別人嚴重了。不但在財物上有損失，在身體上的耗傷也會有。運氣更差的人，會有性命也全失的危險。

巨門運是災禍、是非多的運程。倘若三合宮位中有火星、擎羊三合照守，會有自縊、投水而自殺的狀況。自然也會有水災遭災滅頂的狀況了。巨門是屬水的星，火星、鈴星是屬火的星，擎羊是屬金的星，這三顆星在一起，就是因衝動一時氣憤、水火相沖而有血光之災死亡的狀況。

天機居平運是環境中的景況有滯礙難行、運氣不能流通，有愈變愈壞的趨勢。其人本身頭腦不靈活、聰明度不足，但又自作聰明，反而搬石頭砸自己的腳，反受其害的狀況。

太陰陷落運是財窮，敏感力不夠，聰明度也不夠，無法感覺揣測出周遭的運氣吉凶和賺錢的機會，以及人緣不佳，尤其和女人、錢財有是非，是故容易有災害。

天梁陷落運是缺乏貴人和長輩有力者的照顧支持。其人本身也頑固不化，頭腦不聰明卻自以為聰明，愛偷懶，不喜歡學習及長進，又不喜歡別人管，會躲避別人的幫助、想法扭曲，總以為別人來幫助他就是來管他。他也不喜歡管別人，亦有自私自利的景況，因為自顧不暇，有災發生。

空宮運有廉貪相照的運程：空宮運就是茫然，看不出運氣，也是沒有運氣的狀況。此時就要看對宮有什麼星在相照？有廉貪相照，就是有極壞的運氣相照。對宮也是當時運氣的遷移宮，也表示自己當時沒有運氣，而外面環境中的運氣又極惡劣，智力、智謀、應變的能力極低，人緣不佳，沒有任何機會，又有窮困、容易遭災、惹禍，惹人討厭的行為思想，因此一點機運也沒有了。更要擔心性命在茫然、飄渺幽冥之間，精神不集中，而遭遇災難而喪生。

預測發生車禍、傷災事故的時間

在流年、流月中要看車禍發生事故的星曜，首推擎羊星。擎羊是代表受傷血光、刑傷及一切刑剋至災極嚴重的力量，而且會出血見紅。在我們批流年時，首先看擎羊在何宮位，當流月運程行至此宮位時，就要小心有血光車禍的問題了。而且若是擎羊與多個煞星、化忌、劫空同宮，就更要擔心有性命之憂的可能了。

其次是陀羅、火星、鈴星、破軍、七殺、化忌，所在的流月中也都是極容易發生交通事故的流月運氣，也都要小心。陀羅在所有的傷災中，以牙齒、牙齦、與牙齒相連的唇部、下巴的傷災最為顯著，統稱為牙齒的傷災。其他如足部、手部骨骼的傷災，多半發生在右手、右腳上。

陀羅是為鈍器所傷，有時見骨，但流血並不多，為挫傷類的傷害。例如人的腳後跟、足踵部或因頓足太用力，以至後腳跟、腳踝受傷，也都是走陀羅運所致的。

擎羊是尖銳利器所傷，不論是見不見骨，多半流血較多，傷口呈不規則的形狀，或撕裂傷，例如有釘子、玻璃刺入、或是刀器、棍棒傷害出血所致。其發生部位容易在左手、左腳出現，或在頭部、身上全身出現。

火星、鈴星都是與車禍有關的星曜，尤其是與速度太快，或是與爆炸及火災有關的傷災。在有火星的流月遇車禍受傷後，在初期的治療期間，容易有發燒現象，大約要經過一星期才會平穩。在有鈴星的流月遇車禍受傷，會比有『火星在流月』的人嚴重，在初期治療期間，會有發炎、疼痛和併發症的現象。也大約要經過一個禮拜左右才會平穩轉好。

火星、鈴星都在陷落時，車禍的形態是非常嚴重的，也容易有火燒車的現象。車禍發生時，要即早離開出事故的車體，否則會有燒傷、燙傷、嗆傷的危險。

破軍運在流月中，也易出車禍而導致皮破血流。同時有金錢、物品上面的損失。這是財務與身體上、精、氣、神等各方面都發生損害的情形。所以在破軍運中如遇車禍事故，是勢必要損失、損耗的了。

如果**破軍運中還有擎羊同宮**，這是有損失而且還傷得非常重的情況。並且，在傷災中還有爭鬥嚴重的問題。倘若你是受害者在要求賠償方面，會有對方與你鬥智、官司纏訟的問題，而且一定要爭，才會有賠償。倘若你是闖禍的一方，自已又正走此『羊破運』，你也要和對方爭鬥，打長期官司，才會少賠一點。

破軍、擎羊在子宮，車禍事故發生在子時（大約在晚上11時至11時10分之間）。破軍、擎羊在午宮，車禍事故發生在午時（大約在中午12時至12時10分之間這段時間）。

廉破、擎羊在卯宮，車禍發生時間在卯時（大約在早上五點三十分至四十分之間的時間）。廉破、擎羊在酉宮，車禍事故發生的時間在酉時（大約在下午六點半至四十分之間的這段時間中）。

※紫微斗數是目前命理學中最精確的命理形式了。它可以計算到分鐘的時間內。八字只能計算到『月』的運氣，紫微斗數不但可以算到『小時』，更可以計算到『分鐘』，故是非常精微的命理學了。

廉破、擎羊運的車禍傷災，會流很多的血，而且傷口會破破爛爛，長好了也很醜。在車禍中也會因利器、尖銳之物所傷。在『廉破羊』的運氣中如遇車禍事故，後續的爭執仍很多，事情也會搞得破破爛爛的，你可能本身就受傷了，還要賠償別人很多錢。而且協調不容易達成，要吵很久，所以這是個財物耗損、精神痛苦，身心都受傷害的車禍運程。因此一定要小心，不要在此運經常發生車禍，否則會損耗很多。有一位小弟弟在走『廉破、擎羊運』時出車禍，結果同車的雙親皆死亡，只有他重傷，但存活了下來，他的損失真是非常大了。有一位司機先生好幾次在下午五、六點鐘時出車禍，結果受了傷還要賠償替別人修車和出醫藥費。

『廉殺羊』的車禍傷災，通常稱為『路上埋屍』、『死於外道』，表示是車禍必死的傷災格局。其實不一定，但會重傷，倒是非常靈驗的。

廉貞、七殺、擎羊這三顆星只要在同宮或對宮相照之下，都會形成『廉殺羊』的格局。這個格局主要是出現在辰、戌、丑、未宮。例如在丑、未宮的形式一種是廉、殺、羊三星同宮在丑宮或未宮。另一種是廉殺同宮在丑宮或未宮，對宮有擎羊和天府同宮而形成的。在辰、戌宮的形式一種是廉貞、天府同宮，對宮有七殺、擎羊。另一種是廉府、擎羊同宮，對宮有七殺相照。

『廉殺羊』的格局，都是在廉、殺、羊三顆星對沖的情況下而形成的。三合、四方之位的不算。因此有此格局的人，不但在『廉殺羊』所逢之大運、流年中要小心（特別要小心三重逢合），就是當流月、流日、流時行經『廉殺羊』的月份也要小心有傷災，破皮、流血之苦。

通常有『廉殺羊』在命宮的人，身體不好，或有缺陷，心臟或其他機能不佳。好競爭，內心多計較，他們在命格中特別容易形成『陽梁昌祿』格。有『陽梁昌祿』格的人，會讀書，成績名列前茅，可有很高之學歷，但不適合一般職場上之競爭，而且其人內心多煩憂、短壽。

另外，**走巨門運或有化忌在運中都會有車禍傷災的危險**，也要小心防範。而且這種車禍事故還會跟隨著是非災禍、官司纏訟不完，拖得很久，或發生旁枝末節的事，牽連、拖累一些人。在巨門運或有化忌的流年中的車禍，若你是當運受害者，所得的賠償會很少。倘若你是此運中的肇事者，你會付出極大的代價，耗財多，別人也不滿意並且也還會糾纏很久。

公司中有一位同事，在辛巳年發生車禍，他的大運是天梁化祿，流年逢巨門運，流月是破軍、擎羊，流時也是破軍、擎羊。我告訴他要請好一點的律師來打官司，否則會得不到什麼賠償，而且會纏訟拖延很久。因為破軍、擎羊在身體上的傷害、刑剋上是流血、刺破、傷剋，同時它還帶有爭鬥、暗中搞鬼、破壞、使壞的含意在裡面，所以一定要找好的律師，官司才會打贏，也才能得到賠償。

用流年來看六親運

用流年來看自己與家人中之父母、配偶、子女、兄弟、朋友、部屬之間的關係是非常準確靈驗的。

例如說：

用流年，排出每個月的流月運程，以流月父母宮來看自己與父母之間的親密度及和諧的關係。

有一位開計程車的司機朋友向我抱怨說：平常和父母相處大致也不錯，但是最近很不合諧，常吵架。原因是父母原已有三棟房子，最近又想再去買一間。每次父母都是先繳了頭期款，剩下的貸款再由兄弟三人來共同負擔。原先的房子中尚有貸款的部份。父母說，這是為了子女著想，為子女存錢，反正以後這些房子遲早都是子女們平分的。

1 **批流年到底批什麼？**

可是這位司機朋友不這麼想，因為經濟不景氣，他的工作時數已經拉長，每日要工作十至十二小時，非常辛苦，原有的房屋貸款已將兄弟們壓得透不過氣來，還要加上各種稅金，以及自己計程車的貸款部份，及養家的生活費，生活十分辛苦！他是又煩惱又生氣父母為什麼不能體諒他們，反而是以為子女存錢儲財為理由來逼他們，實際是在增加自己的財富。就算是將來房屋會留給他們，也要繳非常高的遺產稅，實在是不值得用買房子來為他們儲蓄的。

經我們一起排算了一下他的流年，發覺當月他的流月父母宮恰好是破軍，因此在這個月份中他的父母會提出這種要求要他花錢、耗財。並且會強勢的要達成他們的願望，不惜以吵架和態度不好來相要脅。看樣子這件事情會持續兩個月以上的冷戰不合。因為下個月的流月父母宮是天機陷落，更不佳了，是非頻傳。一直要到他自己運氣非常衰，逢到谷底，在他自己走天機陷落運時，父母才會瞭解，真的是大環境很壞，小孩是真的賺不到很多錢才會放棄自己的想法。此時流月父母宮在紫府，父母比較有錢，父母也會拿出錢財來資助他，至此父母和他才能和諧親密的又相連在一起了。

由此就可知道，你和家人的關係，雖然縱使很親密，但仍會時有起伏的，我們只要從流月中先行預測出來，就能有應對的方法，到時候就能掌握時間上的特性，或利用家人命格中的特性，就能把事情平安順利的擺平，而不須要臉紅脖子粗的爭吵相罵。減少言語、情緒上的衝突，更可維繫一家人的感情了！

看小孩子乖不乖？在那些月份與自己有衝突？在那些月份與自己親密？這就要看流月子女宮。流月子女宮逢財星陷落、主星陷落、居平，或逢殺、破、狼及羊、陀、火、鈴、劫空、化忌時，都是與子女緣份不好的時候，各種星曜代表著各種問題的類型。你只要早一點預測出來，到了那個與子女有緣份不親密月份，就不要企望太多。往往，**當你的流月子女宮不好的時候，同時也是你的子女本身運氣不佳的時候**。倘若真是如此，你們彼此都要忍耐，不要相互說些傷害的話語，以防影響日後回歸正常時的感情。**倘若是你的流月子女宮正逢弱運，而你的小孩本身運氣很好的時候**，很可能是他太忙，無暇顧及你，或幫你做事，也無暇顧及你的心情，這時候你也不必常找他吵架，而要自己去找別的人來幫你了。等過了這個月，你的小孩還是會來幫忙你的。此時你如果生氣小孩不聽話，不幫你的忙，就是自找氣受，也不體諒人，處處顯出你是一個氣量狹小、嘮叨、愛罵人、訓人的、不通情理的父母了。**倘若小孩小，是嬰兒，這個月特別愛哭鬧**，不好帶養，你就要看看你自己此月的流月子女宮是否是弱運不好的運程，這表示此月你對子女的照顧不太周全，不是他所想要得到的照顧。孩子小，不會說話，他會以哭鬧來抗議，所以你要注意自己照顧小孩的方式了。**小孩在嬰兒期尚未行運時，是跟母親或哺育他的人（例如照養他的祖父母或奶媽等），隨養他的人而有運氣的起伏的。**（小孩最快要兩歲才會起運，水二局的人二歲起運）。若是嬰孩的母親，或照養他的人運氣好，則嬰幼兒的運就好，身體也強壯、可愛、好養。若是照養他的人運氣不佳，小孩也運氣不好，易生病、哭鬧，不好帶，生長也會緩慢。所以為人父母的人一定要注意這些問題。

小孩起運後就可由他自己的命盤中來看他的運氣和健康了，也可由他自己的流月父母宮來看他與父母或照養他的人之間的親密關係了。

※水二局的人，二歲開始起運。木三局的人，三歲開始起運。金四局的人，四歲開始起運。土五局的人，五歲開始起運。火六局的人，六歲開始起運。人起運以後，真正的學習能力才會增強，智慧才會開。是故土五局和火六局的人最晚開始起運，在智力發展上會比別人稍慢。嬰幼兒在未起運前，都是隨母親的運氣而有吉凶。若是託養給別人，則嬰幼兒以照養人的運氣為依附。故找奶媽一定要找身強體壯、運氣好的人為佳。

看結婚與否，或夫妻間的感情問題以流月夫妻宮為主

夫妻宮是看其人內心情感模式的宮位。由其人情感模式的付出與接收，就可知道此人在付出感情或接收感情時所用的方法好不好？對不對？感情模式好的人，自然情緒溫和、協調能力好、溫柔多情，也會找到好的配偶或情人，相互親密和相互幫助。情緒的起伏也韻律脈動規則有秩，親和力佳，也能受到別人相同的、更深切、甜蜜的回報。情感模式不佳的人，太剛直、太硬、多疑、太跋扈、情感就不順了。自然找到的配偶也是有稜有角，脾氣強硬、相互就會有磨擦、口角產生了。

首先我們要注意的是：人是感情和情緒的動物，人在感情和情緒上時常有起伏，是故在流月夫妻宮中所展現出你在每一個月份都會有不同的情感起伏變動的狀況，這些狀況就會影響你在處理事情時，處理感情問題時是否圓融、順利了。因此，夫妻宮多煞星、不佳的人，並不能以自己的運氣不好，或說是前世欠下的孽債為由，來自我安慰。姑息自己在婚姻、感情方面的不順利。而要做積極的、自我檢討式的努力。改善自己在思想方面和表達感情模式上的瑕疵，才可能改善婚姻和愛情方面的吉凶，也才能為自己創造幸福的感覺。

由命理學來看人是否結婚，夫妻配偶間是否相合、感情彌篤，就是要看夫妻宮是否有財、有福！同時這也表示在你的內心中是否有財、有福。心中有財、有福人自然婚姻情感順利，身心舒暢了。因此在流年、流月中要找易結婚的吉年、吉月、吉日，自然是有桃花人緣佳的時日，或是有財、有吉星、有福星的流年、流月、流日了。

結過婚的人，要看夫妻間相處的吉凶也同樣是這麼看的。有財、福、吉星的流年夫妻宮、流月夫妻宮、流日夫妻宮，都是夫妻和合的好日子。倘若流年夫妻宮好，其中某些流月夫妻宮、流日夫妻宮不佳，表示在這一年中夫妻感情大致是好的，但情緒有起伏，問題不大。若是流年夫妻宮不好，煞星多。而流月夫妻宮、流日夫妻宮還不錯，有財星、吉星。則表示在這一年中，夫妻的感情是大致有些低落的，但某些不錯的月份是可以改善的。若是流年夫妻宮、流月夫妻宮、流日夫妻宮皆不佳，則表示你在此年中，自己內在感情上的心情都不佳，也要小心夫妻間的衝突。只要你自己能守住不衝動、不找碴、能忍耐，儘管找別的好事來紓解自己的感情，夫妻間的感情也能度過危機。

有些面臨離婚狀態的人，常要我預測他在何時會離婚？或是在何時離得了婚？我常告訴他們說：離不離婚全看你自己，並不是別人說了算數！你自己想離就離！不想離就離不了。有一天，你運氣極壞，過不了坎兒，你就會離婚了。人在離婚時，都是運氣極低、極壞的。某些具有悲劇性格的人，常在運氣極壞時，內心會產生毀滅一切美好事物的衝動。感情問題就是首先第一個拿來開刀的。因為實際上，在此人的心靈深處很窮，已空乏無物，總以為將目前的關係毀滅後，新的會再創造湧生出來。事實上，並不如此，窮的心，像荒漠旱地，已生不出新的秧苗了。因此這種人縱使再結婚多少次，仍是會找到性格思想相類似的配偶，只是面貌不同，而悲劇情感仍是輪迴上演的。

如何看和親人、兄弟、部屬、朋友之間的親密度

有些人的感情模式會受月亮圓缺的影響

人的每一種感情模式都是有情緒上的升降起伏的。就像每個人在每個月之中都有情緒高張、有些天會快樂或有些天會不快樂一樣。很多人的情緒會受月亮的圓缺而有影響（這不是詩人、藝術家的專屬特質，而是大多數人皆會有的現象），例如太陰坐命的人，就很受到月亮圓缺的影響。其他如『機、月、同、梁』命格的人，皆是如此。某些太陽坐命的人也會。例如說太陽坐命者的命宮對宮，以及三合宮位中，或是某些人的夫妻宮、遷移宮中有太陰

星，也是會受月亮圓缺影響而有情緒起伏的。

一般來說，只有殺、破、狼命格和紫微、武曲、廉貞、天府，等命格是不太受太陰（月亮）影響情緒的命格，但他們會受太陽的影響。這些命格的人，都屬強勢命格，較有堅定的意志，不會因情緒的起伏而影響打拚能力。但是在這些人的命格中，若有化忌、地劫、天空在命、財、官、夫、遷、福等宮，也還是同樣會受太陰的影響了。

一個人的情緒會受到太陰（月亮）的影響，自然會有好的一面：例如感情比較細膩，感情的敏感力特佳、比較強，對於別人對自己的看法較重視，也喜歡去感覺、評量別人對待自己所付出的感情多寡。有時也較會體量別人，重視探討別人內在的心意。比較不好的一面，就是情緒起伏較大、喜歡感情用事，重情不重理了。

由於上述的原因，所以這種人在與人合夥方面，往往受制於人情的壓力，或看不清現實面，或是有太信任自己的感覺而受騙。往往會等到事情已嚴重敗露殘破之象時才察覺，為時已晚。有些時候也會由於情緒的變化，容易三心兩意而影響合夥的關係。故而**我們在看合夥關係時，應以流年僕役宮做為一個全年度的標準**。而在流月僕役宮有變化時，只是做為一個合夥關係的參考而已。當流月僕役宮、流日僕役宮不佳時，倒是不必太擔心、煩惱的。

工作職場中要以流年僕役宮或流月僕役宮來預測和諧關係

每個人在辦公室中或工作場所中和同事、朋友、部屬相處時，也是要以流年僕役宮來預測全年度的友誼親密度。有好的流年僕役宮，縱使在流月僕役宮運行到不佳的月份，和同事、朋友、部屬偶有小磨擦，也會很快的過去而雨過天青。倘若流年僕役宮原本就不佳，那就要特別小心在這一年中，會和朋友、部屬、同事相處不太順利了，縱使流月僕役宮很好，也要謹守本份，不要因為太熟悉而不客氣、出言無狀，以至於發生不愉快的情形。

原本命格中僕役宮就不好的人（僕役宮中有煞星），**再逢流年、流月的僕役宮不佳，就要小心人災的產生**。嚴重時易遭朋友影響、勒索、綁票、殺害、倒會、倒債、騙錢。這些問題都是可以從命盤上活盤中的流運中看得出來的。

其他如和兄弟姐妹間的感情親密度，自然也首重本命格中的兄弟宮所代表的情感來往模式，再依據這個標準，在流年、流月中的兄弟宮再展出起伏的親密度出來。

看家運好壞及家財多寡及子女的乖巧與否，要看流年、流月的家運及家財存留不存留得住，也是要以其本人命格中的田宅宮之好壞為一個基準的。本命的田宅宮好，就有積存家財好的因素存在了。縱使流年、流月不佳，房地產會有進出耗弱，但早晚會有回來的時候。流年田宅宮、流月田宅宮逢天機居旺、財星居旺、文昌居旺，或有財星居旺加化科時，會買房子、容易增加房地產，而且簽訂合約很快。

流年田宅宮逢財星陷落或運星陷落時，家中較窮，會沒有現金，也容易把房地產賣掉。

流年田宅宮逢天機星居旺時，家中會因某些事而有變動，生活型態不一樣，會改變。或因升職、調職而有遷居的變動，是好的一種變動。當流年田宅宮逢天機居陷時，此人一定會搬家。這就要看你的認知是什麼了。有的人會搬到不好的住所，一連搬幾次。有的人會一次就搬到好的所在，在此年中就不必多搬家了。

流年田宅宮不佳時，有煞星或陷落之時，必會有家宅不寧的狀況，家中多是非糾紛、爭吵、冷戰，而且耗財多，入不敷出，根本存不住錢財。如果你在看次年流年運時已先看到、預測到這些狀況，就可先有心理準備，力求家人的和諧，自己先為自己建立起成熟圓融的心智，為了家運及自己的運氣，挺身而出，在家中做一個和事佬的身份，久而久之，你就是家中最具領導力與主控力的人。所謂家和萬事興，你也可稍微堵住家中的耗財現象了。在財運方面，你也可事先做規劃，開源節流，好好記帳，小心過日子，自然也能平安的帶領家運度過難關。最怕的就是家中的人全不肯負責任，你自己也不肯多為家中付出，一盤散沙，自然家運每下愈況，一蹶不振了。

看子女是否乖巧，就看流年子女宮或流月子女宮，有關這一部份，我是感同身受，非常有心得的。像是在巳年，我自己走太陽居旺運，而流年子女宮是七殺運，因此在巳年時我在工作上會很忙碌，小孩也忙碌，而且小孩的情緒較固執、不聽話。預先我就知道在巳年是比較難溝通的，而且家中的事務、家事之類的問題，大概小孩也不想幫忙的。所以我只好預先心中有譜，不能做太多的要求了，也只好看看在一年之中的十二個月份中，有那些他是比較能幫忙、好說話、肯聽話的，再在那些時間中再與他溝通、協調。

另外，我也會看看小孩的流年運氣好不好？是因什麼原因好或不好？然後再選擇他流月運氣好的時候，把我對他的想法告訴他，或是提出我的建議，用溫和、親情的角度傳達我對他的關心，和希望他改進的項目。

例如在巳年，我的小孩流年運走天機居平運，這是一種自做聰明，其實是笨運。是聰明、活動力都不足的運氣。我希望他趁年紀輕能繼續讀書、考研究所或考托福出國，可是怎麼講，他都不聽，一直想賺錢、去工作。賺了錢又愛玩，常看不到人影。我說了他幾次，發覺無效，而且總是不歡而散。最後我想到替他算流月，看他那一個流月運氣較好，再碰到機會，順便講講他，如此一來，情況好很多，他也比較聽得進去了。我並且發現，在我自己流月子女宮是吉星居旺時，小孩乖巧得多，也願意幫助家事，使我輕鬆不少，也少生很多氣。當我自己的流月子女宮不好，逢煞星、空劫時，我只好自己辛苦一點，對他不要有太多的寄望，以免有衝突，更生氣。經過多年自我的練習，在我流年、流月子女宮不好時，就多忍耐。在我流年、流月子女宮好的時候，母子親密，多加把勁，為子女做規劃、為家庭做規劃，這時小孩也能幫得上忙。因此這幾年，親子關係一直還不錯，家庭也能累積一些財富了。

教養子女本來就是一件極不容易的事，每個人的家庭狀況不同，每個人的子女性格也不同，但子女在家庭中常常是一半以上的人口。在家庭會議中，若子女聯合起來投票都能有壓倒性否決父母意見的能耐。而且很多父母往往因為子女的意見而改變自己的思想、觀念和決策。子女是家庭中的生命力和活力。做父母的人只能用自己生活經驗的法則，來引導子女走一條客觀的、看起來是正確的道路。倘若你能用自己流年、流月的子女宮的吉凶和子女本身的流年、流月的運氣，相互搭配來看待，並運用彼此關係親疏起伏的運氣，那你就可獲得多項成功。第一，你可做個子女公認的好父母。第二，子女會很聽你的話。第三，子女會對你和家庭有助力，家庭中親情的凝聚力強，真正做到家和萬事興，家運會旺起來了。

通常子女宮不好的人，或沒有子女的人，都會影響到家財的部份。因為在紫微命盤上子女宮和田宅宮是相互對照的。田宅宮是人的財庫，子女宮有刑剋、劫空沖剋財庫，自然留不住財富。況且子女宮又代表人的才華部份。子女宮不好的人就才華缺缺。我們常可從媒體上看到那些有虐待子女案件的主犯，總是比較窮困、知識程度不高，生活不穩定的人，這就是賺錢與在謀求生活上的智力不高之故了。

想通這些道理，大家就會知道，每個人與自己家裡和外面的人都是息息相關的。而且想賺錢、想發財，也和這個世界上所有的人都有關係。如何讓自己在這個世界上和別人和平相處，共生共榮，是一門大學問。只要自己的思想圓融、行為中規中矩，得人敬愛，賺錢、發財的時機就很近了。

2 大運的推算法

一般人看運氣好壞，一定要先看你目前的年歲是在什麼大運之上。再來看所逢到的流年是何年。因此大運也決定著流年的層次問題。譬如說，大運是吉運，財運的，流年再逢吉運、財運，那你此年就是好運十分亨通，人逢喜事，萬事吉利、進財也多的運程。舉凡一切考試、升官、家運、人際關係，生活水準都會在一個高水準的層次之中。

大運好，流年稍差的，仍然會平安度過，感覺並不明顯。

大運差，流年較好的，奮鬥打拼有時是使不上力，但仍可平安度過，但如逆水行舟一般。大運差，流年也差的，真是十分辛苦了，賺錢賺不到，機會缺少，心情鬱悶，人也不想動，只是耗費生命而已。有時候看到別人已跑到前面很高的地方去了，自已還在原地空轉，真是急煞人了。

大運管十年的運氣，是從命宮開始算。依陽男、陰女順時針方向行運。而陰男、陽女為逆時針方向行運。每一個人的嬰、幼年時代都是從命宮開始行運的。

大運的走法：更要看五行局的局數，來定行運的起始，行運年歲以及每個大運結束的年歲。

下面是大運起訖的『起大運表』，可由此表格中查出大運所屬的行運宮位。

陽男為：甲、丙、戊、庚、壬年所生的男子。

陰女為：乙、丁、己、辛、癸年所生的女子。

陽女為：甲、丙、戊、庚、壬年所生的女子。

陰男為：乙、丁、己、辛、癸年所生的男子。

起大運表

父母宮	福德宮	田宅宮	官祿宮	僕役宮	遷移宮	疾厄宮	財帛宮	子女宮	夫妻宮	兄弟宮	命宮	大限宮／生年	五行局
12－21	22－31	32－41	42－51	52－61	62－71	72－81	82－91	92－101	102－111	112－121	2－11	陽男 陰女	水二局
112－121	102－111	92－101	82－91	72－81	62－71	52－61	42－51	32－41	22－31	12－21	2－11	陰男 陽女	水二局
13－22	23－32	33－42	43－52	53－62	63－72	73－82	83－92	93－102	103－112	113－122	3－12	陽男 陰女	木三局
113－122	103－112	93－102	83－92	73－82	63－72	53－62	43－52	33－42	23－32	13－22	3－12	陰男 陽女	木三局
14－23	24－33	34－43	44－53	54－63	64－73	74－83	84－93	94－103	104－113	114－123	4－13	陽男 陰女	金四局
114－123	104－113	94－103	84－93	74－83	64－73	54－63	44－53	34－43	24－33	14－23	4－13	陰男 陽女	金四局
15－24	25－34	35－44	45－54	55－64	65－74	75－84	85－94	95－104	105－114	115－124	5－14	陽男 陰女	土五局
115－124	105－114	95－104	85－94	75－84	65－74	55－64	45－54	35－44	25－34	15－24	5－14	陰男 陽女	土五局
16－25	26－35	36－45	46－55	56－65	66－75	76－85	86－95	96－105	106－115	116－125	6－15	陽男 陰女	火六局
116－125	106－115	96－105	86－95	76－85	66－75	56－65	46－55	36－45	26－35	16－25	6－15	陰男 陽女	火六局

有些剛入門的朋友，或是由電腦網路上、坊間所買的光碟中直接輸入生日年、月、日、時而印出自己命盤的朋友，時常會問我：

什麼是五行局？五行局怎麼來的？

『五行局』是怎麼來的？

『五行局』就是在你排命盤時，當你用月份、生時算出命宮所在的宮位，然後再根據你出生的年干，而定出『五行局』。此『五行局』會決定你命盤中的紫微星落於什麼宮位，也就是說：會決定你是那一種『命盤格式』的人。同時也會決定你行運時會有那些星曜組合。並且這些星曜組合的旺弱、廟陷（也就是星的旺度）也已然排列、決定了，無法再變動更改了。所以『五行局』是紫微命理的樞紐、關鍵。並且五行局也會決定你起運的年歲。

由下列簡易表中，你可知道自己的五行局。

定五行局表

命宮＼本生年干	甲己	乙庚	丙辛	丁壬	戊癸
子丑	水二局	火六局	土五局	木三局	金四局
寅卯	火六局	土五局	木三局	金四局	水二局
辰巳	木三局	金四局	水二局	火六局	土五局
午未	土五局	木三局	金四局	水二局	火六局
申酉	金四局	水二局	火六局	土五局	木三局
戌亥	火六局	土五局	木三局	金四局	水二局

水二局：二歲開始起大運。
木三局：三歲開始起大運。
金四局：四歲開始起大運。
土五局：五歲開始起大運。
火六局：六歲開始起大運。

通常人開始起大運以後，智慧才開始增長，學習能力變快加速、學習能力強。所以『水二局』的小孩在小的時候學說話、走路、認字的能力較強、較快，大約一歲以前便會說話走路了。有的二歲能認字，是比較聰明伶俐的。而土五局和火六局的小孩，學說話、認字的能力較慢，也常會有發育遲緩，智力晚開的情形。當然這還是要看家庭背景和父母教導的能力而定的了。

不過因為嬰幼兒未開運之前，是隨母親的運氣好壞而行運。開運後則自已走自已的大運。晚開運的小孩，在未開運之前，最好先別帶到陰廟、墓地或供奉陰神的地方去，以防嬰孩受到驚嚇或招陰事。尤其命宮和福德宮、遷移宮中有陰煞的小孩，特別要注意。八字全陰的子孩也要注意。

大運的排列方法：

水二局陽男的大運排列方式：二歲至十一歲在命宮。十二歲至二十一歲在父母宮，二十二歲至三十一歲在福德宮。三十二歲至四十一歲在田宅宮，四十二歲至五十一歲在官祿宮。五十二歲至六十一歲在僕役宮。六十二歲至七一歲在遷移宮。七十二歲至八十一歲在疾厄宮。

水二局陰男的大運排列方式：二歲至十一歲在命宮。十二歲至二十一歲在兄弟宮。二十二歲至三十一歲在夫妻宮。三十二歲至四十一歲在子女宮。四十二歲至五十一歲在財帛宮。五十二歲至六十一歲在疾厄宮。六十二歲至七十一歲在遷移宮。七十二歲至八十一歲在僕役宮。

水二局陽女的大運排列方式：二歲至十一歲在命宮。十二歲至二十一歲在兄弟宮。二十二歲至三十一歲在夫妻宮。三十二歲至四十一歲在子女宮。四十二歲至五十三歲在財帛宮。五十二歲至六十一歲在疾厄宮。六十二歲至七十一歲在遷移宮。七十二歲至八十一歲在僕役宮。

水二局陰女的大運排列方式：二歲至十一歲在命宮。十二歲至二十一歲在父母宮。二十二歲至三十一歲在福德宮。三十二歲至四十一歲在田宅宮。四十二歲至五十一歲在官祿宮。五十二歲至六十歲在僕役宮。六十二歲至七一歲在遷移宮。七十二歲至八十一在疾厄宮。

木三局陽男的大運排列方式：三歲至十二歲在命宮。十三歲至二十二歲在父母宮。二十三歲至三十二歲在福德宮。三十三歲至四十二歲在田宅宮。四十三歲至五十二歲在官祿宮。五十三歲至六十二歲在僕役宮。六十三歲至七十二歲在遷移宮。七十三歲至八十二歲在疾厄宮。

木三局陰男的大運排列方式：三歲至十二歲在命宮。十三歲至二十二歲在兄弟宮。二十三歲至三十二歲在夫妻宮。三十三歲至四十二歲在子女宮。四十三歲至五十二歲在財帛宮。五十三歲至六十二歲在疾厄宮。六十三歲至七十二歲在遷移宮。七十三歲至八十二歲在僕役宮。

木三局陽女的大運排列方式：三歲至十二歲在命宮。十三歲至二十二歲在兄弟宮。二十三歲至三十二歲在夫妻宮。三十三歲至四十二歲在子女宮。

四十三歲至五十二歲在財帛宮。五十三歲至六十二歲在疾厄宮。六十三歲至七十二歲在遷移宮。七十三歲至八十二歲在僕役宮。

木三局陰女的大運排列方式：三歲至十二歲在命宮。十三歲至二十二歲在父母宮。二十三歲至三十二歲在福德宮。三十三歲至四十二歲在田宅宮。四十三歲至五十二歲在官祿宮。五十三歲至六十二歲在僕役宮。六十三歲至七十二歲在遷移宮。七十三歲至八十二歲在疾厄宮。

金四局陽男的大運排列方式：四歲至十三歲在命宮。十四歲至二十三歲在父母宮。二十四歲至三十三歲在福德宮。三十四歲至四十三歲在田宅宮。四十四歲至五十三歲在官祿宮。五十四歲至六十三歲在僕役宮。六十四歲至七十三歲在遷移宮。七十四歲至八十三歲在疾厄宮。

金四局陰男的大運排列方式：四歲至十三歲在命宮。十四歲至二十三歲在兄弟宮。二十四歲至三十三歲在夫妻宮。三十四歲至四十三歲在子女宮。四十四歲至五十三歲在財帛宮。五十四歲至六十三歲在疾厄宮。六十四歲至七十三歲在遷移宮。七十四歲至八十三歲在僕役宮。

金四局陽女的大運排列方式：四歲至十三歲在命宮。十四歲至二十三歲在兄弟宮。二十四歲至三十三歲在夫妻宮。三十四歲至四十三歲在子女宮。四十四歲至五十三歲在財帛宮。五十四歲至六十三歲在疾厄宮。六十四歲至七十三歲在遷移宮。七十四歲至八十三歲在僕役宮。

金四局陰女的大運排列方式：四歲至十三歲在命宮。十四歲至二十三歲在父母宮。二十四歲至三十三歲在福德宮。三十四歲至四十三歲在田宅宮。四十四歲至五十三歲在官祿宮。五十四歲至六十三歲在僕役宮。六十四歲至七十三歲在遷移宮。七十四歲至八十三歲在疾厄宮。

土五局陽男的大運排列方式：五歲至十四歲在命宮。十五歲至二十四歲在父母宮。二十五歲至三十四歲在福德宮。三十五歲至四十四歲在田宅宮。四十五歲至五十四歲在官祿宮。五十五歲至六十四歲在僕役宮。六十五歲至七十四歲在遷移宮。七十五歲至八十四歲在疾厄宮。

土五局陰男的大運排列方式：五歲至十四歲在命宮。十五歲至二十四歲在兄弟宮。二十五歲至三十四歲在夫妻宮。三十五歲至四十四歲在子女宮。

四十五歲至五十四歲在財帛宮。五十五歲至六十四歲在疾厄宮。六十五歲至七十四歲在遷移宮。七十五歲至八十四歲在僕役宮。

土五局陽女的大運排列方式：五歲至十四歲在命宮。十五歲至二十四歲在兄弟宮。二十五歲至三十四歲在夫妻宮。三十五歲至四十四歲在子女宮。四十五歲至五十四歲在財帛宮。五十五歲至六十四歲在疾厄宮。六十五歲至七十四歲在遷移宮。七十五歲至八十四歲在僕役宮。

土五局陰女的大運排列方式：五歲至十四歲在命宮。十五歲至二十四歲在父母宮。二十五歲至三十四歲在福德宮。三十五歲至四十四歲在田宅宮。四十五歲至五十四歲在官祿宮。五十五歲至六十四歲在僕役宮。六十五歲至七十四歲在遷移宮。七十五歲至八十四歲在疾厄宮。

火六局陽男的大運排列方式：六歲至十五歲在命宮。十六歲至二十五歲在父母宮。二十六歲至三十五歲在福德宮。三十六歲至四十五歲在田宅宮。四十六歲至五十五歲在官祿宮。五十六歲至六十五歲在僕役宮。六十六歲至七十五歲在遷移宮。七十六歲至八十五歲在疾厄宮。

火六局陰男的大運排列方式：六歲至十五歲在命宮。十六歲至二十五歲在兄弟宮。二十六歲至三十五歲在夫妻宮。三十六歲至四十五歲在子女宮。四十六歲至五十五歲在財帛宮。五十六歲至六十五歲在疾厄宮。六十六歲至七十五歲在遷移宮。七十六歲至八十五歲在僕役宮。

火六局陽女的大運排列方式：六歲至十五歲在命宮。十六歲至二十五歲在兄弟宮。二十六歲至三十五歲在夫妻宮。三十六歲至四十五歲在子女宮。四十六歲至五十五歲在財帛宮。五十六歲至六十五歲在疾厄宮。六十六歲至七十五歲在遷移宮。七十六歲至八十五歲在僕役宮。

火六局陰女的大運排列方式：六歲至十五歲在命宮。十六歲至二十五歲在父母宮。二十六歲至三十五歲在福德宮。三十六歲至四十五歲在田宅宮。四十六歲至五十五歲在官祿宮。五十六歲至六十五歲在僕役宮。六十六歲至七十五歲在遷移宮。七十六歲至八十五歲在疾厄宮。

我們根據局數、年干陰陽、男女的性別找出大運的排列方法之後，便把大運的年紀逐一紀錄，寫在命盤上各自所屬的宮位中，或是寫在該宮位，靠近命盤邊框的地方。以茲便於查看。

大運紀錄形式：

例(一)

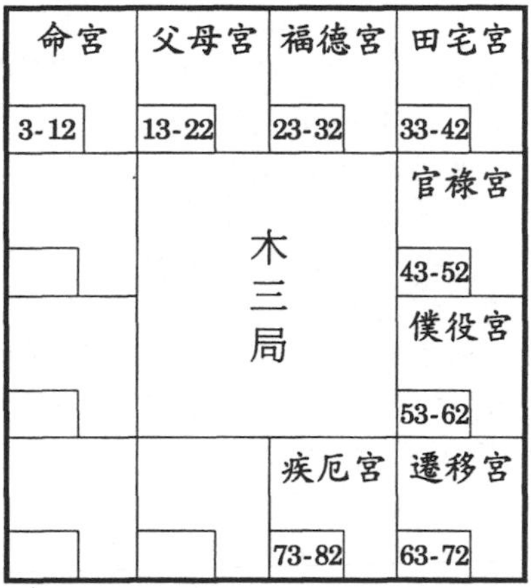

例(二)

※紀錄大運在命盤上，只是方便查看，只要紀錄正確便可，無拘於形式。

簡易大六壬神課詳析

法雲居士⊙著

『六壬學』之占斷法是歷史上最古老的
占卜法。其年代可上推至春秋時代。
『六壬』與『易』有相似之處，都是以
陰陽消長來明存亡之道的卜術。學會了
之後很容易讓人著迷。它也是把四柱推命
再繼續用五行生剋及陰陽等方式再變化
課斷，以所乘之神及所臨之地，而定吉凶。

新的二十一世紀災難連連，天災人禍不斷，
卜筮之道中以『六壬』最靈驗，
但大多喜學命卜者害怕其手續煩雜，
不好入門，特此出版此本簡易篇以解好學者疑義。
並能使之上手，能對吉凶之神機有倏然所悟！

紫微命理子女教育篇

法雲居士⊙著

《紫微命理子女教育篇》是根據命理的
結構來探討小孩接受教化輔導的接受度，
以及從命理觀點來談父母與子女間的親子
關係的親密度。

通常，和父母長輩關係親密的人，
是較能接受教育成功的有為之士。
每個人的性格會影響其命運，因材施教，
也是該人命運的走向，故而子女教育篇實
是由子女的命格已先預測了子女將來的成就了。

3 大運的解讀和預測

有關命理的解讀，不論是大運或是流年、流月、流日、流時等的解讀方式，在大致上的意義都是差不多的。也就是你對命理通了之後，便能全部解讀大運，流年、流月、流日、流時了。也就是說你也能全部預測和瞭解所有的命盤、祕密了。當然這可能需要一些長期的訓練和經驗，以及多看書，多演算命盤，才能達到的事。不過，你倘若只是看你自己或家人的命盤，算自己和家人、朋友的大運、流年時，問題便會輕鬆得多。因為一家人的命盤或相近的朋友的命盤在格局上大多會相類似。因此瞭解了一種，就等於瞭解了好多人的命理格局及大運、流年形式了。

基本上來說，解讀大運和預測未來的吉凶是很複雜的事。因為每個人的每個運程中，都會出現不同組合的星曜，也會出現不同數量的煞星。一般大家都知道，煞星出現在大運中多的，就是不好。主星陷落時也不好。但不好到什麼樣的程度？卻很難去確定。有很多人看到自己的大運是好的，好到什麼程度？也不能確定。這完全靠你長期的去鑽研、感覺、體會才能領悟。但是有一些固定的公式化的格局會幫助你在某些特定的議題上，例如考試、升官、進財或是傷災、死亡、幸福、人災、天災方面掌握重要的訊息，這就必須你自己要記憶清楚，並會演算出發生的年、月、日、時，來好好的注意及預防的了。

大運的看法及要注意的事項

㈠大運管十年間的運程，代表人生的階段。在每一個人生階段中，人都會因為成長、環境上和思想上智識的變遷和增長而不同。所以看大運，最重要的是以大的主星星曜來決定吉凶。這些星曜包括了正曜、甲級星曜十九顆星、偏曜中的甲級星曜六顆星，以及四化星，以及乙級星曜中的地劫、天空等星。

※同為大運十年中，每一年還有運氣起伏，故大運只是十年中的一個大概吉凶的運氣，級數太小的星曜，力量也太小，故而無用，就不必大費周章的來看了。

所以有部份的時系星、月系星、干系星、支系諸星，以及生年、博士十二神、五行局長生十二神、流年歲前諸星、將前諸星等星都不必看了。

大運中所要關注的星曜有：

紫微、天機、太陽、武曲、天同、廉貞、天府、太陰、貪狼、巨門、天相、天梁、七殺、破軍、文昌、文曲、左輔、右弼、祿存、擎羊、陀羅、火星、鈴星、天魁、天鉞、化祿、化權、化科、化忌、地劫、天空。

有的人也很關注截空、旬空、天刑、陰煞、天馬、台輔、紅鸞、沐浴、大耗等星。但是我覺得，『大運氣』是最要緊的，大運氣弱的時候，截空、旬空這些會導致逢空的星的作用是感覺不太出來的，因為反正都不好、不順了嘛！運氣好的時候，並且對天刑所造成的內心沉悶，陰煞所牽連出的小人也不大以為意。對於天馬的所造成的忙碌、奔波，很快樂的接受，對於大耗所產生的消耗，因為財多，也不以為意。只有在運氣不佳時，人才會對就算是小事，也會耿耿於懷，心理不痛快。其實人在運氣不佳時，就是有小的好運，也彌補不了大的災難所帶來的痛苦，自然也沒有什麼喜悅的感覺了。故而看大運只要看主要的星曜就可以了，在看流年時再注意一下歲星的變化。

㈡當你在看大運所在的年歲所屬的宮位有化星出現時，例如下面林先生的命盤中十二歲至二十歲時有天同化科的大運，除非對宮亦有化星出現來相沖照（有太陰化忌沖照），否則在三合宮位或四方宮位中的化星或吉運的星曜、或刑剋的煞星影響到本運是程度很低的。也可說是無法影響的。

★大運本運的運氣以當值宮位為主，只有對宮相沖照的運氣（星曜）可影響。所屬大運的四方宮位及三合宮位中的星曜是不能影響。

倘若你不遵循此法，而硬要用四方三合宮位的星曜來牽強附會，愈弄得複雜，命愈算不準。這是目前許多學紫微斗數的人學習上有障礙之處。

㈢看流年時，我們一般會以流年命宮、流年兄弟宮、流年夫妻宮……流年

林先生　命盤

子女宮 巨門 鈴星	夫妻宮 廉貞 天相 右輔 地劫	財帛宮 天梁 陀羅 癸未	命宮 七殺 甲申	2—11
財帛宮 貪狼 庚辰	陽男	水二局	父母宮 天同化科 擎羊 火星 乙酉	12—21
72—81 疾厄宮 太陰化忌 文昌 天姚 己卯			福德宮 丙戌	22—31
62—71 遷移宮 紫微 天府 天馬 戊寅	僕役宮 天機 台輔 天魁 己丑	官祿宮 破軍 戊子	田宅宮 太陽化祿 文曲 天刑 丁亥	32—41
	52—61	42—51		

財帛官、……流年官祿宮來測定一些事情。但在觀看大運時，一般不會用大運兄弟宮，大運夫妻宮，大運財帛宮或大運官祿宮來談事情。主要是因為看大運只是看十年中的一個大概，真正要算流年、流月、流日時才會細算，算得精細一點。所以一般人不必太龜毛，而多此一舉。否則資料太多，你也弄不清孰輕孰重了。

㈣四化星（化權、化祿、化科、化忌）在大運本運的宮位中出現，一定還是依所跟隨的主星的旺弱，而呈現權、祿、科、忌的強度力量的。例如在前面林先生的命盤中之十二歲至二十一歲的大運中之天同化科在酉宮，因天同居平位，故化科也是居平位的。此處的化科也會依主星天同本身的意義而賦與化科某些含意。因此此運為天同化科連起來在酉宮時的意義，就是表面看起來還文質、文雅、溫和，但是比較懶，用腦子不多，喜歡玩，負責任也不多，做事能力也不夠強的。因為林先生的父母宮中還有擎羊、火星和天同化科同在父母宮的大運中。故他在十二歲至二十一歲的大運中綜合起來的運程是『刑福』的格局（天同和擎羊、火星同宮為刑福。天同是福星）所以我們知道，林先生在逢父母宮的大運時是：東忙西忙、衝動、脾氣急躁，外表懶洋洋，看起來很閒，專忙一些不重要的事，或好玩的事，對正經的工作或賺錢是沒有幫助的，也是生活不太愉快，內心受到刑剋壓制的。

另外因林先生父母宮的大運之對宮（疾厄宮）中有太陰化忌、文昌、天姚來相沖照，所以我們也可把這些資料再加進去。

因此，總括的來說林先生在十二歲至二十一歲的十年大運時，運氣不十分好，表面上是溫和、聽話、乖巧的，但環境中財少，較窮困，有文質彬彬的外貌，但周遭很讓他頭痛，不舒服。而且他也對周遭的敏感力差，也不會應付，常會遭到周遭人的責罵或惹起一些是非災禍的。另外他也會因為粗心，不小心而有傷災。也可能因災禍問題受傷。

權、祿、科、忌相逢的問題

※一般權忌同宮或相照，或是祿忌同宮或相照，或是科忌同宮或相照，都是以雙忌論。為何以雙忌論？這是一種說法，主要是有化忌來同宮，或沖照都是不善的。化忌代表是非、災禍、嫉妬，得咎，是災星之故，而不吉。權星的力量大，會推波助瀾加大忌星災禍的能力。化祿是屬水，是流動快速的星，也會使災禍泛濫、延續。化科的力量較小，但會受制於化忌星，故『權忌相逢』、『祿忌相逢』、『科忌相逢』，大多數人都將之以『雙忌論』。是以雙重災禍來論之。其實仍是有不一樣的地方的。

※化權、化祿、化科是屬於吉運增加力量的化星。相對的在同一個大運中，有化權、化祿同宮或相照的，就是『權祿相逢』，力量就大多了。這是掌控力、權力和財祿、人緣、機會上的相互結合。自然是運氣大好了。但到底好到什麼程度？又是在什麼意義上有好運？仍要看化權和化祿所跟隨的主星是什麼，才能確實的知道。

例如在張榮發先生的命盤中，在六十五歲至七十四歲的運程中走天同化權運，對宮有太陰化祿相照。所以我們知道在這個大運中他是自然而然的具

張榮發先生命造

財帛宮 太陽 文曲 天刑 陀羅 45－54 乙巳	子女宮 破軍 祿存 35－44 丙午	夫妻宮 天機化科 擎羊 25－34 丁未	兄弟宮 紫微 天府 天馬 15－24 戊申
疾厄宮 武曲 55－64 甲辰	土五局	陰男	命宮 太陰化祿 文昌 天姚 天鉞 5－14 己酉
遷移宮 天同化權 65－74 癸卯			父母宮 貪狼 火星 庚戌
僕役宮 七殺 右弼 壬寅	官祿宮 天梁 癸丑	田宅宮 廉貞 天相 左輔 壬子	福德宮 巨門化忌 鈴星 天魁 辛亥

75－84

有掌控力，而且掌控的是大量的財富及房地產。因為化祿的主星是太陰財星，化權的主星是天同之故。

在現實的運程中，張榮發先生也是在六十五歲至七十四歲的大運中，也正逢李登輝總統主政的年代。由原本只有長榮海運的公司，又經由多次辰、戊年爆發的『武貪格』爆發運，擴展到天空上，擁有了長榮航空，創造了更豐富的資產。所以我們可以看到他最大的財富都是在這個『權祿相逢』的大運中所創造發展出的。因此你就會知道『權祿相逢』的力量有多大了。

『權祿相逢』相照的問題

『權祿相逢』在對宮也是有很大影響力的

另一個案例我們來看看宋美齡女士的命盤

宋美齡女士在五十三歲至六二歲時大運走文曲、祿存運，而對宮有天同化權、太陰化祿來相照。這是『權祿相逢』來沖照的格局。

在宋美齡女士五十三歲時，正是西元一九五〇年，國民政府已遷至台灣，這是民國三十九年至民國四十九年的一般時間，宋女士憑藉自己的才華及和美國政府之間的關係，穩定了台灣和大陸之間的國共局勢。在這段她的大運中，她所掌有的權力和地位是非常之大的，所以在人的大運中有『權祿來相沖照』也是十分美妙的事。

『權科相逢』，『祿科相逢』，會因為化科的力量稍弱，而由化權和化祿來主導運勢。基本上在這種『權科相逢』的大運中，你會運用一些較文質、注重形象，講究身份、地位的方法來掌控事情。在『祿科相逢』的大運中，你會運用一些較具文化氣質、講究斯文、溫和、友好的方法，也會注重名譽的來獲得財祿。因此不論是『權科相逢』、『祿科相逢』都是有名有利的，注重的名聲、形象的、講究身份、地位的，絕不會惡狠惡虎的、吃相難看的來爭權奪利。

關於『權祿相逢』的問題，請參考本書下冊，法雲居士會有詳細解釋。

『祿忌相逢』的問題

『祿忌相逢』，不論是同宮或相照，在大運出現時，都會帶有在財祿上的災禍和傷害。這當然也會使名聲受損或顏面無光。在人緣、機會上也是不好的。自然所得的財祿不會多了，而且還在得財時夾雜著是非、糾紛和麻煩、災禍，不勝其擾。倘若化祿在主運中，而化忌在對宮相照，還要看化祿所跟隨的主星是何星，旺度如何？才能定出財有多少。而化忌在對宮，就是遷移宮中，表示是在外界的環境之中多是非、災禍，也要看所跟隨的主星是何旺度如何，再來定化忌的是非災禍是何種類型與嚴重程度。

例如在『紫微在子』命盤格式中的人，乙年生的人，大運有天機居平化祿在亥宮，對宮有太陰居陷化忌在巳宮來相照，此為『祿忌相逢』。這是『機月同梁』格中財極少的運程。在這個天機居平化祿大運中，因外面的環境不佳，財少困難，多是非糾紛與災難，因此有飯吃就不錯了，故此人找一份穩定的工作，薪資少一點也無所謂（事實上他也找不到高尚、高薪的工作）。

又如在『紫微在午』命盤格式中的人，是乙年生的人，大運走天機居平化祿運在巳宮，而對宮有太陰居廟化忌在亥宮相照。這個天機居平化祿運就會比前者的天機居平化祿運要好過的多，也稍為富裕一些。原因是對宮相照的太陰居廟化忌，因在亥宮，有『化忌不忌』之說，太陰是財星，在亥宮屬水的宮位，可化解災禍。財星居廟時財很旺，雖帶化忌，仍有和女性的是非不合，或與人有財務糾葛，但仍不會窮，而有富裕的、足以應付糾紛和災禍的財祿，這種狀況就是非常好的了。但這仍然是以薪水得財的財富格局。因此大運所在的宮位非常要緊，大運中的星曜和相照的星曜，都要居廟旺之位才好。

①紫微在子

太陰(陷) 化忌 巳	貪狼(旺) 午	天同(陷) 巨門(陷) 未	武曲(得) 天相(廟) 申
廉貞(平) 天府(廟) 辰			太陽(平) 天梁(得) 酉
卯			七殺(廟) 戌
破軍(得) 寅	丑	紫微(平) 子	天機(平) 化祿 亥

⑦紫微在午

天機(平) 化祿 巳	紫微(廟) 午	未	破軍(得) 申
七殺(廟) 辰			酉
太陽(廟) 天梁(廟) 卯			廉貞(平) 天府(廟) 戌
武曲(得) 天相(廟) 寅	天同(陷) 巨門(陷) 丑	貪狼(旺) 子	太陰(廟) 化忌 亥

乙年生的人有機陰同宮的大運運程也是天機化祿和太陰化忌同宮，為『祿忌相逢』的運程。這是乙年生『紫微在卯』，『紫微為酉』兩個命盤格式的人會遇到的。此外像庚年生的人，並且命盤格式是『紫微在丑』或『紫微在未』的人，命盤中會有太陽化祿、太陰化忌相沖照。及命盤格式是『紫微在辰』、『紫微在戌』的人，會有日月同宮的大運中，就會出現『太陽化祿、太陰化忌』同宮，這些都同樣是『祿忌相逢』。

『太陽化祿、太陰化忌』的『祿忌相逢』

當大運逢此『祿忌相逢』時，若是大運居於丑宮，因太陽居陷化祿，祿不強、財少，而太陰居廟化忌，仍有財務和女人的災禍、麻煩。這是財、官兩不利的狀況。是賺錢得財和事業皆差的運程。倘若大運是在未宮，因是太陽居得地合格之位帶化祿、太陰居陷化忌。此運的狀況是主貴不主富的運程，只要在工作上、名聲上好好努力，就會有一定的成就，但是別想發財，也別想多賺錢得財，因為這個財是『陽梁昌祿』格帶來的。所以只能以文貴的方式，參加國家升等考試或繼續增長學歷，按部就班，一步一步往上爬而主貴。但是仍因『祿忌同宮』，會產生財運方面和敏感力方面、以及碰到女性方面的不順。

『陽梁昌祿格』中的『祿忌相逢』

在『陽梁昌祿』格中有太陰化忌時，在考試、讀書方面最怕遇到女性主考官、女老師或女性競爭者。也有讀書的領會力不佳，聰明智慧不足的現象。將來縱使很辛苦的考試成功或拿到高學歷，想要靠高職位爭取高薪仍是困難重重，財也得不多。這個問題是太陽化祿的『祿』被太陰化忌的『忌』沖破了，『祿逢沖破』的關係使然。

在『陽梁昌祿』格中有太陽化忌時，在考試、讀書時最怕碰到男性主考官，男老師或男性競爭者。也會有前途多變，不順利，坎坷的狀況，縱使辛苦的考試成功，或拿到高學歷，在升官、升等的路途上還是多是非、災禍，不甚順利。若是太陽化忌和祿存同宮或相照所形成的『陽梁昌祿』格，也是『

祿逢沖破』，所得到的財是極少的，不順利的。

※太陽化忌和太陰化忌也要看居於何宮位，旺度如何，才能定事業運、工作運和財運是多是少，有多少麻煩。例如太陽居廟、居旺帶化忌；在事業運和工作運，以及主貴上，仍有機會，只是中途多是非、災禍，不是平坦的官途或人生際遇而已。若太陽居平、居陷帶化忌，則事業運、工作運晦暗，而且多是非災禍，一生難以有成就。其人的聰明度和打拼能力也是極低的，其人會思想上偏激、內心鬱悶不得志，怨東怨西，藉口很多。若是命格不好凶惡的人，容易入岐途，做黑道入獄。命格溫和的人，在太陽陷落化忌的大運中，會遇到官非牽連入獄，境況很慘。有一位民眾，身份證被人冒用，而被關，坐了幾十天的牢獄，有此牢獄之災的人，正是太陽陷落化忌的運程。

※太陰居廟、居旺化忌時，財是仍然具備，還是有的，只是在財的方面有是非糾紛的而已。在這個大運之中，其人也仍是具有敏感力，是多愁善感型的內心情緒，但因太敏感而多是非，而遭遇麻煩，他和女性的關係也是仍然不和，但有時會因某些錢財和情感方面的事物而造成糾紛不合。

太陰居陷化忌，就是財窮又多是非糾紛的狀況了，常因窮困，付不出錢財，支票跳票，而遭到別人追債，惡言相向。在這個大運之中，此人沒有敏銳力，他是極笨又容易做笨事的，自找麻煩的。情緒是古怪不合群，讓人對厭的。他和女性的關係是水火不容，處處看不對眼的，而且常會遭到女性長輩、朋友、親屬以小心眼、暗害的方式來對付他。

『權忌相逢』的問題

權忌相逢大致有四種狀況

權忌相逢的四種狀況：㈠丁年生的人有』天同化權、巨門化忌』，㈡戊年生的人有『天機化忌、太陰化權』，㈢己年生的人有『貪狼化權、文曲化忌』，㈣辛年生的人有『太陽化權、文昌化忌』。

丁年生的人有天同化權、巨門化忌在同宮或對宮相照的『權忌相逢』。

天同化權、巨門化忌同宮在丑宮、未宮時，此種狀況若是在人之命宮時，必有殘障現象。若不在人命宮而人逢此大運時，也要小心意外發生而導致身體受到大創傷。這也可能會導致後半生傷殘，而使人在此大運中一事無成，只是養傷而已。因為在這個『權忌相逢』同宮的大運運程中之天同和巨門皆是陷落的，自然『權忌相逢』的衝擊力更大了。而偏向是非災禍的發生。

當天同化權和巨門化忌在卯、酉宮相對照時的『權忌相逢』。天同是居平帶化權，比前者福星的能力稍強，但仍不算強。而巨門則是陷落帶化忌，災禍的深度仍很深。這時要看你主要的大運是天同居平化權運，還是巨門陷落化忌運了。倘若你正走天同居平化權的大運上，你是意態悠閒、愛享福、較懶。做不了什麼正事，一般生活倒是遐意、輕鬆的，只是周圍環境中有許多是非災禍讓你忙碌，停不下來。等到你靜下來想一想，在這個運程中，你的事業和財富根本沒進展，也搞不清楚你白忙了這麼久是為了什麼？

倘若你走的是巨門陷落化忌的運程，而對宮是天同居平化權，則你在這段運程中，你本身的是非災禍很多，可能有官司纏身、坐牢、生病住院、開刀、家室不寧、分家爭財產，或家中有喪事，使你的運氣壞極了。但是在周圍環境中仍有使你可漸漸平順的力量。因為福星在你周圍的環境中，而且福星帶化權，是稍能強力主導，使運氣拉回，不致全部毀滅的。

※天同只要不落陷，就能有主福的能力。天同也不會和化忌相連，因它是福星之故。所以在庚年是天同化科、太陰化忌。經過印證，庚年的太陰化忌是確實存在的。

戊年生的人有太陰化權、天機化忌在同宮或對宮相照的『權忌相逢』。

天機化忌、太陰化權在寅、申宮會同宮出現。此種狀況在人之命宮時，其人會看起來還不笨，但常做錯事，而且自以為聰明，常自做聰明而敗事。但是此人在錢財上仍是得心應手的，所以這種命格的人，只能主富，把能力放在賺錢上，做事升官便不得其道了。當其人在逢到這種『權忌相逢』的大運時，自然也是自作聰明的災害比較多，無法幸免。他仍可賺到一些不錯的收入而得財。這個財是『機月同梁』格之做別人夥計，拿人薪水的財，絕不是自己做老闆賺到的財。並且在這種『權忌相逢』的大運中，你自作聰明所做的事倘若仍和錢財有關，自然也仍是會耗財的，一點也逃不掉的。而且大運中是天機化忌，表示是愈變愈壞，愈有是非。愈有是非就愈產生災禍的。甚至是多變、起伏不定的變化的。太陰在寅宮雖居旺化權，太陰是財星，最怕化忌或羊、陀、火、鈴、劫、空這些煞星來剋害，財就沒有了。化權只是增長了太陰的氣勢，但並不能幫助它抵擋同宮化忌的惡勢力。更加上天機化忌有自以為聰明而亂搞、亂七八糟的胡作非為，其實是不用腦子多思考的狀況。因此太陰化權縱然主掌了財權，仍是擋不住亂搞，亂花錢的耗敗了。

倘若是『天機化忌、太陰化權』同宮在申宮的大運，此時太陰是居平化權，所能掌控的財更少、更薄弱。其人對財的敏銳力和察言觀色的敏銳力都很差，但頑固、強制要做主，本身又是自做聰明，不顧現實情況的。而大環境中又是多變的，愈變愈有是非災禍的，愈變愈財少的。因此在這樣一個『權忌相逢』的運程之下，自然是困難重重，在人的感覺上彷彿遇到雙重災禍一般。所以一般人以雙忌來論此種『權忌相逢』的狀態了。

在巳、亥宮出現的天機化忌、太陰化權相照的『權忌相逢』

凡是戊年生的人，若是『紫微在子』命盤格式的人，你的天機化忌在亥宮，而太陰居陷化權在巳宮。若是『紫微在午』命盤格式的人，你的天機居平化忌在巳宮，太陰居廟化權在亥宮。這種是天機化忌和太陰化權遙遙相望相對照，亦可稱為相沖的『權忌相逢』。

當戊年生的人又是上述兩個命盤格式的人，又正逢天機化忌的大運時，因為天機在巳宮或亥宮是居平的位置，接近陷落了，所以天機化忌所造成的災禍是很凶。你的處境是變化多端，是非災禍接二連三的發生，這也是你人生最低潮的時候。此時也要看你的大運運程是坐於巳宮或是亥宮，這也是有差別的。如果大運的天機化忌在巳宮是比較稍好一點的。因為對宮相照的太陰化權是居廟位的。表示在你外面環境中是財多、財的力量很大的，也是溫和、多情義對你有利的。但是戊年的人有天機化忌在巳宮有祿存同宮，更會形成『羊陀夾忌』的惡格，會有性命之憂。當大運、流年、流月三重逢合就會性命不保，必須非常小心才行。所以這個大運最壞的底線就是死亡了。在這個大運中，很多人都會問：

『難道祿救不了忌嗎？』

確實救不了，因為祿存被化忌沖破，是『祿逢沖破』，祿變得無用了。倘若不在三重逢合的時日運程裡，尚有一丁點的、可勉強度日。只是過得苦一些而已。

倘若大運是天機化忌在亥宮，對宮相照的太陰居陷化權、加祿存同宮。有羊陀在午宮、辰宮相夾巳宮，其實這仍然是『羊陀夾忌』的另外一種形式，大運若逢亥宮仍是會有性命之災的。

『天機居平化忌、祿存』在巳宮的大運

在『天機居平化忌加祿存』的大運裡，你最要小心的是大運、流年、流月、流日的多重逢合，其實三重逢合（包括大運、流年、流月），若再遇其他不好的流日、流時也會造成災亡。這是性命交關、存亡的問題。其次你在這個大運中會性格保守，頭腦不靈光，東想西想，容易遭受是非，自已也愛惹是非。有時做些自做聰明而不利己的事。有問題時沒辦法、沒能力解決就躲起來。又常會覺得受到別人的欺凌，常感覺別人的咄咄逼人，心裡委曲。在此大運中，人不愛讀書，也不愛學習新知識，只喜歡賺錢。但是賺不到大錢，而有命運不濟的感覺。你想和別人競爭也爭不到，無論考試、升官，找工作都是不太順利的，你也會推御責任，自以為聰明的躲在一邊涼快。但並不是別人不知道，而是在你流年、流月、流日好的時候，周圍的人會姑息你。而當你的流年、流月、流日不佳時，就有人找你算帳、來指責你的怠惰了。在這段大運時間中，你周圍的環境是女權當道，周圍的財也多，而且是以財經議題為環境導向。也就是說在你周圍的人都忙著賺錢，以賺錢為第一要務，

如果你正是這個以賺錢為目的環境中的一顆棋子，雖然你的運氣不好，又慢一點、笨一點，又自作聰明一點，是非錯誤多一點，但別人還是會容忍你的。倘若你真的太差了，又不是這個賺錢環境必須要用的人，則會被解顧。不過在天機化忌、祿存的大運中的人，多半是自以為了不起，而自已放棄不做而辭職的。

相照的太陰居廟化權，就是你周圍的環境狀況。所以你在『天機化忌加祿存在巳宮』的大運中，實際上是被外界強力的經濟壓力所沖激著、引導著。你的工作會斷斷續續，財務不穩。其實這也是個『機月同梁』格的格局，你要做薪水族，領別人的薪水才會平順。千萬別投資做生意，實際上你較小的資本會被大環境中，強大的吸金壓力而沖毀，會像泡沫一樣消失的。

天機化忌在亥宮的大運：

在亥宮的天機化忌大運，雖然大環境中的財少（對宮是太陰陷落化權），你本身的敏感力差，別人是固執、較嚴苛的對待你，但是因為化忌在亥宮為水宮，是非災禍不那麼嚴重。天機屬木，在亥宮水木相生，也不笨得那麼厲害，是故比『天機化忌在巳宮』有較好的形勢。但仍要小心相照而形成的『羊陀夾忌』，要算好大運、流年、流月三重逢合的時間，以免有性命之災。

在這個大運中，運氣也是愈變愈不好的，又會產生是非口舌上的災禍。外界周圍的環境是，較窮困只有吃飯的財，又愛爭財的環境。因此你有工作，有飯吃，領一份死薪水，已經不錯了。千萬別去和別人爭強鬥狠、一爭長短。要知道你的資源少，固執和自作聰明就是你的致命傷，這是自找死路的。在這個運程中，你讀書也讀不好，學習能力差，也不愛學習。能平安過日子已不錯了。

己年生的人有貪狼化權、文曲化忌的『權忌相逢』

己年生的人，當文曲和貪狼同宮或相照，就形成『貪狼化權和文曲化忌』的『權忌相逢』了。

表面上看起來，文曲化忌比較弱，貪狼化權的氣勢較強。但是貪狼遇文曲，為糊塗、政事顛倒。再加上權忌相逢，這就是一筆強力要胡搞，亂搞、亂七八糟的糊塗帳了。

倘若貪狼是居廟、居旺化權和文曲廟、居旺化忌，是『糊塗、政事顛倒』中情況稍好、稍輕的。若貪狼居平、居陷化權和文曲居陷化忌，則是『糊塗、政事顛倒』中情況最為嚴重的了。

例如：一位廉貞、鈴星坐命申宮的人，本命還移宮中有貪狼化權、文曲化忌在寅宮。貪狼是居平化權、文曲是居陷化忌，一生在感情上坎坷，遇人不淑。此人也有『鈴貪格』暴發運，但暴發運中有化忌，此暴發運最好別爆發，否則暴發時即帶來災禍。這是因為他本人頭腦不清，處理事情不清楚所帶來的是非災禍。但是他們不會反省自己，總是怪罪別人。所幸他的這個大運要到七十幾歲才逢到，再糊塗一下就壽終正寢了，也不會太痛苦了。

另有一位破軍坐命戌宮的女子，十分年輕已婚，二十歲左右，在官祿宮中有『貪狼化權、文曲化忌』在寅宮。她有鈴星在夫妻宮，會形成『鈴貪格』暴發運，但這是『權忌相逢』的暴發運。雖然這個『權忌相逢』的大運還未到來，但在本命中，在內心和智慧上就是一種頭腦不清、糊塗的狀況。（貪、曲在官祿宮代表人的智慧糊塗）

在巳年她走天梁陷落運時，起先去簽大家樂，中了大約二十萬元。組頭是她的親戚卻不給她錢，要她再簽。第二次簽卻負債八十萬元。此後天天有不良份子來家中吵鬧要債，電話騷擾，讓家中的人都很痛苦。她一直異想天開的想請人作法，去掉這些欠債、討債的霉運故而到處去算命。

像這種頭腦不清楚的人和事，我不知道到底有誰能幫她？因為這種事是層出不窮的，接下來又不知她又會做出什麼樣的糊塗事了。而且是你告訴她正當的做人做事的方式，她是不喜歡、也不會聽的。邪佞、邪魔歪道的事情她最喜歡，所以那些黑道、邪魔凶惡之徒，不找她找誰？錢好騙嘛！

凡是己年生的人，有貪狼化權和文曲化忌在命格中（指在命盤上）同宮或相照的『權忌相逢』，都必須先界定貪狼和文曲的旺度才行論『凶度』的深淺和方向。

例如：

己年生的人有『權忌相逢』時，有五種狀況：

㈠大運是貪狼化權和文曲化忌同在辰宮時

在辰宮貪狼是居廟帶化權，而文曲是居得地之位帶化忌。在這個辰宮的大運中，其人就是有強悍力量，好爭，具有好運，但頭腦不清楚，愛講亂話，常引起紛爭，令人口誅筆伐，是一片混亂景像的。但是其人因運氣不弱，而強勢抵抗，是永久服輸，也不認錯的。就像呂秀蓮女士是副總統，本命是貪狼和文曲在辰宮，雖然沒有化權和化忌同宮，也沒有『權忌相逢』的格式，但她常說出一些話來，引起全國的爭議，也讓人覺得她實在是頭腦不清，政事顛倒的人。可是她從來不道歉，還堅持自己沒錯呢！這就是貪狼在辰宮居廟、文曲在辰宮居得地之位的關係。所以她還具有愛說話，擅口才、瞎掰、也能圓謊的特殊技巧功力了。並且因為運氣好，也少有人與她計較。倘若有文曲化忌時，就會有人與她計較了。

※貪狼無論是和文昌或文曲同宮或相照，都是有頭腦糊塗、政事顛倒的狀況。

◎**大運若是貪狼化權和文曲同在戌宮時**，在戌宮貪狼化權是居廟位的，文曲化忌是居陷位的。在這個大運中運氣仍然是好的，也能掌握運氣，但口才差，而且多口舌是非。其人的才能、才藝都很差，所以往往敗在自己給自己設下的陷井之中，無法自拔。因此在這個大運中是功虧一潰的，不吉的。

◎如果大運是貪狼化權在辰、戌宮，而對宮有武曲化祿、文曲化忌相照，這實際是『權祿忌相逢』，表示你的大運仍然是運氣極強，但外界的環境中多口舌是非的災禍。或周圍環境中多紛擾紛爭，而讓你無所適從，當心會做出糊塗的決定來。但是你們周圍的環境仍是多財的。所以是有運氣、有財，但會轉變、變壞；或因周圍環境中的愚笨，讓你的好運成空，財會減少。自然是貪狼化權在辰宮當運，而文曲化忌在戌宮居陷相照的環境最差，財也受到較大的虧損了。問題也最多，不吉、漏失的也最大了。同時在這個原來是『武貪格』的大運中，因有化忌出現，會不暴發，或暴發時帶來糾紛、災禍、紛爭。這種紛爭是口才、吵鬧的爭執。祿星被忌星沖破，財也少了。

◎當大運是武曲化祿、文曲化忌時，對宮有貪狼化權相照。這同樣是先要看『武曲化祿、文曲化忌』在辰宮或戌宮？因為武曲化祿在辰、戌宮都是居廟位的。而此時文曲化忌的旺度層級就定了帶災、趨凶的深度了。

『武曲化祿、文曲化忌』在辰宮時，文曲化忌在得地合格之位，故是財多運好，在口才是非、口水戰中打混戰，有一些招惹口舌是非的錢財是賺不到了，但運氣還好，根本無所謂，只是口水戰和是非多，麻煩多一點，辛勞一些罷了。暴發運是不發或帶有是非麻煩的暴發運。

『武曲化祿、文曲化忌』在戌宮時，因文曲化忌居陷位，此時依然有財，周圍環境中的機會運氣也不錯，但自己本身口才不好，頻惹是非，又沒法子解釋，或愈解釋愈糟。這時候仍是有財祿的，但是口舌是非會造成財祿上有較多較大的損害。暴發運不發，或發了也帶有極大的是非麻煩。

(二)大運在丑、未宮有武曲化祿、貪狼化權、文曲化忌、文昌四星同宮時的『權祿忌相逢』。

因為武曲、貪狼在丑、未宮皆是居廟的。再有文曲化忌同宮，在丑宮，文曲化忌也是居廟的、文昌也居廟，所以其人也會有頭腦不清，但其人的性格和運程很強勢，走此大運時，其人好辯，好爭執，別人只當他是有怪毛病，不太與他計較。當『武曲化祿、貪狼化權、文昌、文曲化忌』同在未宮時，文曲化忌也居旺位，情況也一樣。這兩個狀況都是暴發運不發或發了卻帶了口舌是非，或是因才藝、精明度所帶來的是非的。

◎如果是武曲化祿、貪狼化權在丑宮的大運，而有文昌、文曲化忌在未宮相照的，表示你仍有強勢的運程，財多、主控力大，在丑年也有暴發運，而未年沒有。你在丑年時周圍的環境是頭腦不清、混亂、口舌是非多，看起來氣質不好，粗魯，吵起來很凶的環境。

◎如果是文昌、文曲化忌的大運，對宮有武曲化祿、貪狼化權來相照。則大運在丑宮時，因昌曲皆廟位，化忌也在廟位了。而對宮相照的權祿也在廟位。此人會在行運時仍有頭腦不清的事情出現，但表面上是文質彬彬氣質好。喜歡發表謬論，看起來是多才多藝，但實質只是對人對己沒多大助益的。此時他周遭的環境好，機會多，雖然也有人會攻擊他，造成口水戰役，但這也要看流年的好壞，流年好時，口水戰對他影響不大。流年壞時，口水戰使他遭災嚴重。但在這個『文昌、文曲化忌』在丑宮的大運中，他雖覺偶有不順，升官不是很順利（因為有爭議）考試能上榜，敬陪末座。在賺錢得財方面，能精明的理財，但時有破耗，小心為桃花事件而損財。大致講起來。日子過得不壞。

◎若是大運是『文昌、文曲化忌』在未宮，對宮有武曲化祿、貪狼化權相照的『權祿忌』相逢，會因文昌居平、文曲化忌居旺，其人的精明度較低，文化素質也較低，聰明度也稍低，口舌是非及討人喜歡的程度，不如前者高。頭腦不清的狀況仍然存在，靠口才引起的糾紛也存在，損人不利已的事情常發生。此時他周遭的環境仍是運氣好，多財祿的，他會用粗俗的、要賴的方式來處理口舌是非的糾紛。在這個大運中，他的不順利是會比前者『文昌、文曲化忌、在丑宮』的大運要多一點、深一點的。頭腦不清的現象也嚴重一點的，智慧不足的地方也多一點。因此在升官發財上，會事事受阻礙而不順利的。

㈢己年生，貪狼化權、文曲化忌在子、午宮時的大運。

大運是貪狼化權、文曲化忌在子宮時，對宮有紫微、祿存相照。此時貪狼居旺、文曲居得地合格之位。此人在此運時，運氣好、愛掌權、糊塗、能力、才華不佳，但強力要做主，在他的環境中是保守的舊勢力，是孤君無輔的狀態，雖然有些財、地位也高，但常受攻擊。如此的『權忌相逢』，會多說多錯，地位愈高，摔下馬來的機會愈重的。

◎**貪狼化權、文曲化忌、祿存在午宮的大運，對宮有紫微居平相照**。此運因文曲居陷帶化忌，口才、才華不佳，頻遭是非災禍。祿又遭忌星沖破，雖頑固得一直想掌握好運，但因其外界環境中，只是表面的高尚而已，環境中好運的假象並不實在，所以真正的大運的結構是並不順利的。

㈣己年生的人有紫微、貪狼化權、文曲化忌在卯宮的大運運程。

此人在此運中是外表看起來氣派、平和，但實際是頭腦不清，喜歡自作聰明，惹起口舌是非的爭端後，又想躲避責任的。但是他不一定能躲得掉，他會為了維持自己的某些形象而說謊，也會比較自私、損人損己，最終仍是對己不利有災禍產生的。

◎**當人的大運逢紫微、貪狼化權、文曲化忌在酉宮時**，此人在大運中仍是頭腦不清，有口舌是非的災禍，又有好爭鬥、掌權、頑固的特性，是故無法轉圜，也會自私自利，損人不利己，但災禍的程度會比在卯宮為輕。因為此運中的文曲化忌是居廟位的，又有紫微來平衡和趨吉。是故災禍不深。

◎倘若大運就是文曲化忌在卯宮或酉宮，而對宮是紫微、貪狼化權來相照。

則文曲化忌的大運，是以在酉宮居廟的大運層次，較高。也會好過在卯宮的大運的。文曲化忌是口才、才華不好的笨運，且招惹口舌是非，但大環境仍是十分祥和、高尚，並稍帶有運氣，可強力主導平順的。

※紫微貪狼化權、文曲化忌的『權忌相逢』中，縱使有火星、鈴星出現，形式『火貪格』、『鈴貪格』的暴發運也不見得會發。縱使發了很小的財運，是非口舌的大麻煩、災禍也會讓你享受不到財運。

㈤廉貞、貪狼化權和文曲化忌同宮或相照的『權忌相逢』的大運運程會在巳宮或亥宮出現。

倘若是在巳宮逢此運程，因廉貪俱陷落，故貪狼化權的力量很薄弱。而文曲化忌在巳宮居廟位，在亥宮居旺。在此運中，此人運氣不佳，喜賣弄口舌頻惹是非，以及喜招惹桃花糾紛，傷風敗俗，緋聞事件鬧得很大，但過一陣子（幾年）會過去。但是人在此運中多半無法振作，尤其有『廉貞陀』再加文曲化忌的大運者，十年間多年會浸沈在淫亂的生活中，無法自拔，正事全做不成。也可能他在此段大運中是靠吃軟飯生活的人。女子則為做情婦，小妾賴以維生。這些人在此大運中感情的結局都不好，吵吵鬧鬧，不顧臉面，專以桃花糾紛鬧得愈大愈好，最後自己也沒得到利益。

在辛年出生的人命格中出現太陽化權、文昌化忌的『權忌相逢』的大運時，此時要看太陽和文昌的旺度如何，也要看二星是否同宮或在對宮相照。同為太陽和文昌都是『陽梁昌祿』格中的兩顆主星，所以此格局的『權忌相逢』，以同在巳宮出現較好。此時是太陽化權居旺，文昌化忌居廟，這是『紫微在申』命盤格式又生於辛年、巳時生的人會碰到的。在這個大運中，雖有文昌化忌，因文昌屬金，在巳宮居廟，化忌屬水，巳宮是金宮，雖無相生，但相剋不嚴重。而且三合宮位的酉宮中有祿存，形成『陽梁昌祿』格，在考試、升官上雖會出現一些麻煩，但仍會考中，且有異途顯達之勢。表示有可能是從旁的路途，或增加名額，或增加考試機會中所獲得的考運機會或升遷。

『太陽化權、文昌化忌』的權忌相逢最怕的是在戌宮同宮出現，因太陽會陷落帶化權，力量不強，文昌也陷落帶化忌更凶，這是『紫微在丑』命盤格式、又生於辛年的人會碰到的。雖然三合宮位的午宮有巨門化祿，寅宮是空宮，有申宮相照而來的陷落的天梁，也可形成折射的『陽梁昌祿』格，但這個升官運和考試運機會是很差的。只適合自修讀書，或不用考就能進等升級，因為競爭能力差之故。故在此『權忌相逢』的大運中，此人會智慧精明度及計算能力皆很差，運氣不佳，事業無發展，破耗多，要小心、辛苦的過日子才能度過。同樣的在亥宮的『太陽化權和文昌化忌』同宮的大運，也是如此，人生是晦暗，是非多，災禍頻仍的。

『科忌相逢』

當人的大運中有『科忌相逢』時，基本上化科的力量不強，而直接由化忌來主導不吉的部份。科忌相逢，以同宮為害最深。以相照時為害深的是化忌當值在大運的運程。倘若大運是在化科所屬的宮位，而有化忌相照的狀況，是為害較輕的狀況，因為是環境不好，多是非、災禍，而你本身是有處理的能力來度過的。

『科忌相逢』最常出現的形式是：

丙年生的人，有文昌化科、廉貞化忌在命盤中同宮或相照，逢此大運時，要看坐於何宮位，定出旺弱，也要看是否在命宮的三合宮位上，更要看當值的大運是科、忌何者當道，才能定出為禍的深度。

古書上說：『廉貞加文昌同宮坐命，是富而好禮的人。』這是指廉貞加文昌在申宮坐命而言的。廉貞在申宮居廟、文昌也居得地合格的旺位，故有此說。廉貞、文昌若在寅宮出現，廉貞雖居廟、文昌居陷，就談不上富而好禮了，他會是無禮、粗俗、好吹噓之人。

同樣的**廉貞化忌加文昌化科在申宮為大運時**，對宮有貪狼相照，其人的外表斯文，仍是糊塗的，會有官非和血液的問題，會開刀。廉貞是智慧、籌劃能力，帶化忌，就是思想上、組織運籌上會有怪異的想法，而造成是非災禍，對自己不利。因為有文昌居得地化科，對宮又有貪狼相照，所以這種大運的災禍，還是糊塗的，在有文化素養和精神的安排下所產生的。但無論如何，仍是有官非、犯法情事的不合社會規範的災禍。

廉貞化忌、文昌化科同在寅宮為大運時，廉貞是居廟化忌、文昌是陷落化科，對宮有貪狼相照，所以在此運程中，此人仍然是糊塗的，頭腦不清的，粗俗的，知識水準低的，智慧能力有怪異、曲解想法的來招惹官非。很多黑道的大哥有此運程。此運程中也會有遭殺害、自殺或血液上或開刀方面的健康問題出現。

※廉貞除了在寅、申宮居廟之外，在其他的宮位，如子、午、丑、未、卯、酉、辰、戌皆是居平位的，在巳、亥宮是居陷位的，再遇化忌，自然是為害最凶。

※化科本來就不強，尤其是文昌化科。文昌在巳、酉、丑居廟，在申、子、辰居旺。文昌居旺化科時，精明、計較、小氣、文化素質的能力較高、較好。文昌在寅、午、戌宮居陷，在卯、亥、未宮居平位時，即使再帶化科，仍是文化素養不好的，只是稍具形勢罷了。計算能力、精明、讀書能力皆不足。化科為無力。文昌在丑、未宮是和文曲同宮，此時在丑宮，昌曲皆居廟位，雙方的力量皆大，其人會長相美麗、

桃花多又精明，又有文化氣質，學習能力特佳，才藝能力又好、口才也好，是能力不弱的。同宮在未宮文昌居平、文曲居旺，故是由文曲的口才、才藝來主導的。人也會長相不錯，但沒有在丑宮時特別的美麗，桃花也不那麼強（但依然有），知識、文化氣質的水準沒那麼高了，所以是有差別的。

丁年生的人有天機化科、巨門化忌的『科忌相逢』

丁年生的人有天機化科、巨門化忌的『科忌相逢』時，影響所及的就是『紫微在丑』、『紫微在未』、『紫微在辰』和『紫微在戌』四個命盤格式的人。**在『紫微在丑』和『紫微在未』兩個命盤格式中，天機化科和巨門化忌是在子、午宮相對照的情況下，形成『科忌相逢』**。因為天機居廟帶化科和巨門居旺帶化忌，『科忌相逢』的層次很高，災禍依然有，但不會至絕地。你倘若是逢巨門化忌的大運，在子宮的巨門化忌，要比在午宮的巨門化忌之災禍更淺一點。因為子宮是屬水的宮位，巨門和化忌皆為屬水的星曜，得其位而較旺，災禍就不太重了。仍多是非口舌之爭。是在混亂中，利用是非口舌的糾纏，來造成環境中的變化，混水摸魚而得利的。天機化科就是多變的、有方法的，可利用的環境。在午宮的巨門化忌的大運，因午宮是屬火的宮位，較不利於五行屬水的巨門及化忌，故是非災禍會多一點，煎熬也多一點。雖然外界環境依然是多變的有方法可利用的環境。但會因為災禍多，爭鬥多，口舌是非多，煎熬也多的關係，疲於奔命，有利於自己的條件少而痛苦多。

在『紫微在辰』、『紫微在戌』兩個命盤格式中的人，丁年生的人，會有天機化科和巨門化忌同在卯宮或酉宮同宮。此時天機是居旺化科，巨門星居廟化忌而同宮的『科忌相逢』。以大運的『天機化科、巨門化忌』在卯宮的人，會聰明度高一些，應變能力好一些，但口舌是非的災禍也深一點。以大運在酉官有『天機化科、巨門化忌』時，聰明度差一點，但口才好一些，災禍稍輕一點。這是因為天機屬木，化科也屬木，卯宮屬木，天機化科在卯宮聰明度高，在酉宮時，金木相剋，聰明度差。而巨門屬水，在卯宮被木吸乾，相剋而災多。巨門化忌在酉宮，金水相生更旺，故災少一些，仍是有災。

所以**『天機化科、巨門化忌』**在卯宮時的大運，代表其人在此運中極度聰明，也有做事的能耐，但口舌是非太多、爭鬥多，災禍頻仍，而且聰明反被聰明誤，太想表現好爭鬥，又多惹是非，反而是對自己造成嚴重不利的狀況的。此運中多半是自己招惹的災禍。

『天機化科、巨門化忌』在酉宮的大運，代表其人在此運中表面上是滿聰明的，能力也不錯，但喜歡說話，常發表一些有爭議性的言論，讓人覺得他不知是真聰明，還是笨？他的口才雖好，但謬論多，也會有頭腦不清的狀況，因此災禍還是躲不過的。而且在這個大運中他的人緣關係是極不佳的，無法得到支援的。

戊年生的人有『天機化忌、右弼化科』的『科忌相逢』

天機化忌的旺度以在子、午、卯、酉宮較旺，在辰、戌、巳、亥宮居平，在寅、申二宮居得地合格之位，在丑、未宮居陷而最凶。右弼化科以在辰、戌、丑、未等土宮較旺。因此，右弼化科旺的時候，天機化忌皆是居平陷之位。前面說過化科本來就不強，而右弼星是助善也助惡的星。是故當右弼化科和天機化忌同宮的時，根本就是在運用方法，在幫助天機化忌這顆變化的惡勢力的星愈變愈壞的。是故在此大運中，你根本是看不到有好的一面的助力的。災禍更可能增多而不吉。

己年生的人有『天梁化科、文曲化忌』的『科忌相逢』

天梁入廟地化科時，是有機謀、善舌辯、好競爭、臨事果決、正直無私的。天梁會在子、午、寅、卯、辰、戌等宮居廟，在丑、未二宮居旺，在酉宮居得地合格之位。文曲化忌指的是口才、才華上的災禍。在寅、午、戌宮為落陷，所以『天梁化科、文曲化忌』同宮在寅、午、戌宮時，都會形成好辯論、瞎掰，有言語不實，說謊，多惹口舌是非的災禍等等。大運逢此『科忌相逢』的年份，是自找麻煩的事多。天梁雖是復建之星，但天梁也是多管之星，常愛多管別人家的閒事引起口舌是非的災禍。或管一些自已根本不懂不熟悉的事務，而強說懂，而遭人告發抵制。在這個大運中貴人運是好的，有氣質的，但仍會造成口舌是非的問題，幫助不大。『天梁陷落化科、加居旺的文曲化忌』的大運，是外表看似溫和乖巧，凡事懶惰，借以口舌是非來矇蔽別人的眼睛，轉移目標，使別人看不到真實的情況。同時在此大運中，你會找到氣質不甚好、對你也沒幫助的貴人，這個你原以為是貴人的人還為你帶來口舌是非的災害，情況很糟。

※『科忌相逢』的力道，完全是在於化忌所主導的不順和災禍不吉上，化科的力量是薄弱的。倘若『科忌相逢』是化科、化忌相照的摸式，在化科所在的大運中，而主星居旺、居吉的話，只是環境中多紛擾，自己本身受害的程度小，仍是平安的好運。若正逢化忌之年的大運或流年，則遭災的情況比較嚴重。

例如在郝柏村先生的命盤中，在子女宮有天梁化科，在田宅宮有文曲化忌、天機陷落、文昌、擎羊。因此在民國八十年時的正逢流年運的政爭中就敗下陣來，御退行政院長的職務了。也由此種田宅宮可以得知郝柏村先生是個家宅不寧的人。還好，當時他的大運還不錯，只是流年不利。多口舌是非上的爭鬥，而情勢不佳而已，至次年後的流年就不錯了。後來又在丑年逢『科忌相逢』的流年，被拆房子，在財運好時，得到更多的賠償。

庚年生的人有『天同化科、太陰化忌』的『科忌相逢』

天同化科、太陰化忌的『科忌相逢』會出現在『紫微在寅』、『紫微在申』、『紫微在巳』、『紫微在亥』四個命盤格式中。

在『紫微在寅』、『紫微在申』兩個命盤格式中，天同化科、太陰化忌是在相互對照的情況之下的『科忌相逢』。例如陳水扁總統的命盤中的子女宮和田宅宮就有此『科忌相逢』，而且也在三十六歲左右的大運中在美麗島事件入獄。可見『科忌相逢』還是有災禍產生的。但是不嚴重，也很快的能平息，因為他是正逢天同化科的大運上。並且他也有家宅不寧的問題，是子女帶來的家宅不寧。

倘若是正逢太陰化忌、擎羊、地劫的大運，則其人要遭災，困難得多，而且有財務困境，容易自殺。也容易因感情問題自殺的狀況。若是大運、流年、流月、流日三重逢合，災禍立見。

辛年生的人有『文曲化科、文昌化忌』的『新忌的相逢』

『文曲化科、文昌化忌』同宮出現的機會，會在丑、未宮出現，這是辛年生的人，又生在卯時或酉時的人具有的『科忌相逢』。

『文曲化科、文昌化忌』會以相照形式出現的，會在辰、戌宮相照形成，這是辛年生的人，又生在子時和午時的人所具有的『科忌相逢』。

◎當「文曲化科、文昌化忌」同宮出現在丑宮的大運時，因昌曲二星皆居廟位，其人的口才、氣質、文化水準都還好，只是偶而出現不聰明、馬虎、大意而引起文書、計算上、契約、智慧上的問題。這個人在此運中也會回引用不適當的資料或故意賣弄才華，而遭人抵制控訴，打官司，也可能胡說八道，頭腦混亂不清，無法正確看清事情，而過了十年較糊塗的大運。

◎當「文曲化科、文昌化忌」在未宮的大運，就根本是聰明及知識文化不足，又好講話，頭腦不清，愛瞎說，瞎猜來過日子的大運了。

◎當「文曲化科、文昌化忌」相照時，

㈠**文昌化忌在辰宮，文曲化科在戌宮**，逢文昌化忌的大運，在其人的環境中，周圍的人是口才不好，氣質似有若無，才華低落的環境，而其本人也是智慧、精明能力、計算能力，讀書能力頻頻出錯，喜歡學習非正業的功課的大運。也會做與自己原先所學不同的工作。

㈡**逢文曲化科在辰宮的大運，有文昌化忌相照時**，其人是口才好，才藝不錯的，但大環境中是文化低落，周圍也出現知識水準不高，氣質粗俗而

不講理，會引起是非之人。

(三)**逢文昌化忌在戌宮的大運，有文曲化科相照時**，其人頭腦不清，知識程度低，有文書、契約、計算、讀書方面的困擾、災禍。而外界的環境是多才多藝，口才好，氣也高尚的，因此更顯得你不如人，而受排斥了。

(四)**逢文曲化科在戌宮的大運，對宮有文昌化忌相照時**，其人口才拙劣、沈默，外觀還不十分讓人討厭，但才華低。在他周圍的環境中常造成文化知識低和因精明能力不佳，或計算能力不佳所引起的是非災禍。但問題不大。

壬年生的人有『左輔化科、武曲化忌』的『科忌相逢』

當左輔化科和武曲化忌同宮和相照時，武曲化忌的力量大。而左輔是助星，化科是文星，所以根本是受制於武曲化忌的。此時只要看武曲化忌是否是在辰、戌、丑、未宮居廟出現，就可知災禍的環境了。其災禍的種類，一定是在錢財和政治上的問題。當武曲化忌在辰、戌、丑、未宮出現時，一定是和貪狼相照或同宮。貪狼是好運星，武曲化忌居廟時，也還是有不少的財的，只是有錢財上的是非災禍而已。有好運星同宮或相照，運氣也較好，因此問題會有，但不嚴重。再加上左輔化科，有能力好，會做事的平輩貴人幫助，仍然會平順過關的。

倘若武曲居平化忌，例如武破、武殺同宮帶化忌，這是『因財被劫』的格式，則再加左輔化科，本身財窮，又多災，而且是金錢方面的災禍，左輔化科也幫不上忙，還可能愈幫愈忙。這主要是因為左輔星可助善也助惡，完全看其與吉星還是凶星同宮而定。故在『武曲化忌，左輔化科』的大運中，錢財和政治問題已主控了全部份大運的不吉了。左輔化科是沒有什麼相助能力扭轉大局的。

4 各種命盤格式中各宮位所代表運程的意義

每個人出生後的第一個大運，都是從命宮開始算的。然後再依陽男、陰女順時針方向順行排列，或陰男、陽女逆時針方向逆行排成。

此處談每個命盤格式中各個宮位所代表運程的意義，因尋求一個規律性都是從子宮的星曜開始談。你可以先找到自己所屬的命盤格式，再依命宮所在的宮位，依次看下去來瞭解自己的大運內容。例如你是『紫微在子』命盤格式的人，而你是貪狼坐命午宮的人，又是陽男的話。你的第一個大運是貪狼在午宮的大運。第二個大運是同巨在未宮的大運。第三個大運是武相在申宮的大運。第四個大運是陽梁在酉宮的大運。那你看幼年、少年時期的時期運程，就從午宮的貪狼運看起，依歲數尋找大運所在的宮位來看。倘若是陽女就會反過來行運了。第一個大運是貪狼在午宮的大運。第二個大運是太陰在巳宮居陷的大運。第三個大運是廉府在辰宮的大運。以此類推。如果你現在是三十歲，就找三十歲所屬宮位來看，看裡面是什麼星，就代表什麼運程了。

現在來看每個命盤格式中，每個大運所代表的內含和意義。

各個命盤格式中各地支宮中之星曜所代表之含意

（看流年、流月、流日亦可參考此解說）

①『紫微在子』命盤格式

子宮

當大運在子宮時，為紫微居平運。紫微雖為帝座，但旺度極低，可說是居陷位了因此紫微在子宮只可看做是稍為平順、普通的運氣。並不會特別的吉祥和富足。有時候你甚至不會覺得有什麼優勢好運出現的。在此運中，你雖然也會喜歡高高在上，或愛好美麗、細緻、高尚的事物，但並不很堅持。此運你的好運在外面，你的心緒會穩定、緩慢、穩重，做事按部就班。因為前後一個大運都不好，故你只是稍為喘口氣罷了。

①紫微在子

太陰(陷) 巳	貪狼(旺) 午	天同(陷) 巨門(陷) 未	武曲(得) 天相(廟) 申
廉貞(平) 天府(廟) 辰			太陽(平) 天梁(得) 酉
卯			七殺(廟) 戌
破軍(得) 寅	丑	紫微(平) 子	天機(平) 亥

紫微、文昌在子宮的大運 此運中你是外表秀氣、端莊，在智慧上還算精明、幹練、學習能力強、計算能力也不錯，財運也不錯，偶爾也會有糊塗的小事出現。因為文昌和對宮的貪狼相對照的關係。在文質的事物、升官、考試上以及賺錢上仍是有好運的。這十年的大運你過得甚為舒服、愉快。

紫微、文曲的大運 此運中你是桃花不斷、人見人愛、相貌端莊體面討喜、口才好，才藝豐富、外緣極佳。常有喜事頻傳，賺錢順利、考運吉祥，生活愉快。

紫微、左輔同宮的大運　此運中你是一切尚稱祥順，有男性平輩貴人運的運運程。你會有合作精神，這也會帶給你生活和事業上的助力，進財是得貴人財，有朋友幫忙的財運。但仍要小心考試要重考、再考一次的問題。以及在感情上會複雜，有外力介入或同時愛上兩人或第三者介入的問題。

紫微、右弼同宮的大運　此運中，你一切尚稱祥順，有女性平輩貴人運，你亦有合作精神。有事業、進財方面有女性朋友貴人相助。要小心考試重考，讀書休學、重唸的問題。以及有第三者介入婚姻，會離婚的問題，或有其他複雜的感情問題。

紫微、祿存的大運　此運中你是性格保守，在錢財上比較順利，但只是普通順利的財運。你不喜歡向外交際、很小氣，又很自傲，又有點自卑，人緣關係上有些受阻。你是自給自足的生活在自己的小天地之中，也自得其樂。但你常有被孤立、脅迫、受欺凌的感覺。這就是被『羊、陀所夾』的原因。不過仍是平順的。這是你的心態保守的問題，財運、考運、升官運、事業運好，不利感情。

紫微、擎羊同宮的大運　此運中你是多思多慮、非常操勞的，有時候身體也欠安。因為擎羊居陷、刑星侵犯帝座、挾持帝座的關係。你會眼目不好、常四肢無力，也會有傷災和精神衰弱的問題。在此運中你常把事情往壞的方面想，因此有些痛苦。也常懷疑人、疑神疑鬼、陰險待人。這也會影響到你自身的好運順利度和進財少的問題。因此你要多運動、多曬太陽、少煩惱、控制情緒，可減少各方面的傷害，否則依然會有車禍傷災和財運方面的困擾的。此運中工作鬥爭多，競爭激烈。有考運、升官運，但非常辛苦，也不利感情。

紫微、火星同宮的大運　此運中你性子急、衝動、火爆，會有高傲，但與人常衝突的場面。但多半無大礙。你會有『火貪格』暴發運。因對宮有貪狼和火星相照，能暴發錢財，但火星居陷，暴發的錢財不多，最多只有幾十萬元而已。要小心車禍傷災和火災、發燒等現象。此運不利感情。

紫微、鈴星同宮的大運　此運中你也是性急、火爆、衝動的人，高傲的態度，人緣不算好，喜歡搞怪、自做聰明、小有得失，但還不算太壞，你會有『鈴貪格』暴發運。能暴發錢財，但鈴星居陷，暴發不多，最多數十萬而已。特別要小心車禍傷災和燙傷、發燒等後續現象，此運不利感情。

紫微、天空或紫微、地劫的大運　在此運中，你是表面看起來太平無事、氣度也悠閒、端莊。但你的思想是超脫、清高的，你會不重視財利的事情，比較朝向名聲和智慧上的追求。也會朝向道德崇高的的地位上的追求。因此在這段時間中，你在財利方面只是生活平順而已，無多大發展，過的是普通的生活。事業上的進展也不大。

※如果你的大運中有其他的吉星，或是又有吉星，又有凶星一起同宮的情形，此大運的看法，就是把這些星全加起來，再參照前述有吉星的大運和有凶星的大運所有的解釋，全加起來一起觀看即可。

例如：你的大運是紫微、擎羊、火星、左輔同宮的大運，你就會多思多慮、煩惱多，雖有男性平輩貴人相助，但你的脾氣急燥、火爆、頑固，所得的助益並不多，而且是幫助壞的方面比較多，幫助錢財、趨吉的力量少。這是因為紫微居平、擎羊居陷、而左輔的貴人運是助善也助惡的。凶星多又陷落（擎羊、火星居陷），而吉星居平居陷時（紫微居平），左輔這顆助星也就助惡了（右弼也是同樣的狀況）。左輔幫助『居平的紫微』的是：有高高在上的心態，而更頑固、孤獨、沒人緣，因此整個的運勢是看來不佳的。其中有『火貪格』偏財運，也會受擎羊的影響而減低暴發的財運，但仍會暴發，只是財會得少了，可能只有數萬元至十萬元之數了。

在身體傷災、車禍方面，受傷的速度快，會在晚間十一時至凌晨一時之間的子時發生在此大運又逢子年時，也會有一時想不開，在夜間自殺的可能。此運中，眼目不佳、四肢無力、開刀、急性病症突發，傷及左手右腳的狀況都是存在的。

丑宮

當大運在丑宮時，為空宮運，對宮有同巨居陷相照。在此運中你常覺得不順利。自己表面溫和，但有是非的人、事、物來干擾你，讓你心情鬱悶、不快樂。當對宮相照的同巨為天同化權、巨門化忌時（你是丁年生的人），你周遭的是非加劇、災禍頻仍、鬱悶更甚。此時要看你空宮中還有什麼次級星來定你的災禍深度，要注意身體不佳的問題。

丑宮有文昌、文曲同宮時　此大運，你是相貌斯文、討喜，有才藝、口才好，但仍不免惹是非、桃花糾紛的運程。也可能有第三者介入你的感情世界。你會花心、自找麻煩，讓自己忙碌。但如果三合宮位有化祿或祿存，在此運中你仍可有考試、升官運。因昌曲在丑宮是居廟位的，所以努力前途會有好收獲。但在錢財上，並無大收獲，你只能精明、計較的小心應付而已。特別要小心在此年會因桃花破財的問題。在此年若有喜事婚配的喜訊，也要小心外界是非、口舌的小麻煩，多努力爭取、把握時機，會突破困難。

丑宮有左輔、右弼同宮的大運

此運中你有極強的平輩貴人運。你的兄弟、朋友會對你很好、有幫助。但此運中外界的是非困擾和阻礙仍是很多的，要小心應付。此年不利考試運，會重考。也不利婚姻運，小心有第三者介入，但不一定會離婚，一切都要看你自己的決定而定。你在此運中會有很好的合作精神，願與別人合作、合夥共事。但仍要看你先天的僕役宮之好壞，才能決定是否和人合夥。在身體上要注意腎臟方面的毛病或血液循環的毛病，身體是不太好的。

丑宮有擎羊入宮的大運

此運中擎羊居廟。你在此運中擅於競爭，多謀略、愛計較、有些陰險多慮，但外界的環境不佳。對宮有天同居陷、巨門居陷化權相照，故是非多、錢財不順，讓你操勞不安定。而且會有嚴重的傷災要小心。你會眼目不好、頭痛、身體不佳。精神衰弱等現象。也易有車禍傷災要小心。傷的是左腿、左腳、左手、左半邊身體。此運中凡事要小心、競爭、爭鬥要適可而止，以妨傷害自己。此運是考運、升官、感情全不利的運氣，不是吉運。

丑宮有陀羅入宮的大運　此運中陀羅居廟。你在此運中心中多煩悶，有強烈的爭鬥之心，但只能暗中爭鬥，因外界的環境不佳，故常有是非災禍發生。你是強悍、話少的。此運中，你的錢財拖拖拉拉的進不來，也讓你煩悶。很多事情都不順利。若逢結婚，也是拖拖拉拉或有事耽擱。小心傷災、有牙齒、骨骼的傷災、受傷的多半是右半身的手足。此運中你比較笨，很多事想不到或思緒混亂而遭災。保持良好身體、多運動可改善。

丑宮有火星入宮的大運　此運中火星是居得地合格之位的，對宮相照的又是同巨，運氣不太好。會有衝突是非造成你內心的煩悶。你也會因為心急而出錯或遭災。有車禍傷災的問題。不過在此運中有突發的財運，是意外之財，並不很大很多，而且機會是稍縱即逝的，速度很快，一眨眼便過去了。等你再想回頭去把握，已來不及了。意外之財也是這樣的，很快便花光了。此運也要小心皮膚病，體內心、肝、肺、大腸上火之症，以及青春痘等問題。倘若有擎羊、火星同宮時，或相照更要小心『巨火羊』的問題，『巨火羊』三方相照就會有因口舌是非、氣憤、一時想不開自殺、上吊、投水自盡的問題了。何況是在對宮相照會情況更凶、更明顯，此運不佳。

丑宮有鈴星的大運　此運中，鈴星也是居得地之位的，也會有意外之財。更要小心車禍傷災、口舌是非的災禍，此時你會自做聰明愛報復，也會用智慧手段來報復。但是這些只會使你自己更不順，得不償失。倘若大運中更有『擎羊、鈴星』同宮，你在此運中更陰險毒辣，製造的是非更多，陷自己於是非災禍、傷災更深，很划不來。此『擎羊、鈴星』的大運會車禍更嚴重、有傷災死亡的狀況。如對宮再有巨門陷落化權傷災也是更重的、死亡、傷殘的機會更直接的。

丑宮無主星有一個天空或一個地劫出現的大運：此運中你比較懶惰，沒太大發展，錢財窘困，環境中的是非又多，小心過日子可免災禍發生，此運中你的思想清高，對賺錢不賣力。也會在價值觀上看淡利益，盡做一些空茫沒有利的事，對別人沒好處，對自已也沒好處。在錢財方面更是會做一些不賺錢的事。此運中，你是頭腦空空、智力不高的。

寅宮

當大運在寅宮時，你正逢破軍居得地的大運。破軍是耗星，主爭戰。但破軍在此位，打拼能力並不強，但破耗仍不少。故此運中你愛忙碌奔波，外界的環境倒也平靜和有中等的財運。因此，在生活上你仍過得去。只是要小心身體的傷災、開刀等事。此時你也可能喜動美容手術來整理外貌儀容。不過在此大運中，你是凡事無所謂，做事大咧咧的、馬虎、粗糙的、不重細節的、豪爽、不重規矩禮貌的、穿衣也邋遢的，什麼都敢穿，也敢暴露，不畏人言。自然在這個運程中你是破耗。花費大，做事一會兒積極、一會兒鬆懈的。積極時，耗費就大。鬆懈時，愛玩愛享受美食、買衣物、做一些旅遊、享樂也耗財多。因此是一個不算太好的運氣，因為一定沒有錢財上的盈餘。

破軍、文昌同宮時　在此運中肯定是窮困的、有水厄問題的。要算好大運、流年、流月、流日，三重逢合有水厄。不要遊泳、或到水邊、乘船、航海皆有危險，有性命之憂。此運也要注意颱風、下大雨時的安全，小心家附近的河川暴漲或土石流的問題，造成生命受損。

在此運中，因文昌在寅宮落陷，故你是外表氣質不佳，有粗魯、草莽行徑，沒有文化氣質、讀書也讀不好，聰明智慧是受到挑戰的。更要小心因精明能力、計算能力不足而耗財多。在錢財上有是非、困境。如是辛年生的人，有文昌化忌和破軍同宮的運氣，在契約、讀書及文字、付款、帳務上定會成災禍或麻煩，讓你忙亂不堪，也會帶給你痛苦、貧窮的。

破軍、文曲同宮時　在此運中你肯定也是有窮的情形，有水厄的災禍、要小心。也怕三重逢合有水方面的災厄。此時文曲也居陷位，故你的口才不好，常得罪人，講話很衝。你的才藝、才華方面也很拙劣，少說話安然度過較佳。你依然是破費多、進財少的局面。

如果有**破軍、文曲、陀羅同宮**，你根本不太講話，有話只在心中盤旋、自我困擾、心情鬱悶，此運傷災多，有車禍多的危險。

破軍、左輔同宮或破軍、右弼同宮時　左輔或右弼都是來幫助你，增加你的破耗的。雖然表面看來它們是助星，但此運中，男貴人或女貴人都是來幫你花錢的。它們也幫助你打拚，但你在此運中本來智慧就不高，又愛享樂、偷懶，只是在性格上強堅凶猛，所以左、右二星就只幫助你在這些問題之上了。在此運中遇考試，是註定考不上要重考的。有婚配喜事會容易有第三者出現而破局。另外在工作上或與人談判，與人合夥上你會遇見破破爛爛、品格不高的人。原先你以為他很有錢，能來和你合作。但最後卻只是來攪局的人，讓你空歡喜一場，白忙一場。

破軍、祿存同宮時　這是甲年生的人所會有的運程。一定有破軍化權、祿存同宮。因破軍居得地之位帶化權，因此是稍具打拚力量的人。又有祿存同宮，故在此運中，此人較積極打拚，也愛賺錢，做事比較努力。也會得到一定生活豐足的財。因有武曲化科、天相相照，故在他的大環境中，是中等財富享福多、注重文質的得財方法的，所以他較不會做粗重的工作，也注重名聲和諾言，瞭解好運的到來是須要積極掌握的，故他賺得到錢。自己對別人很小氣，但對自己很大方。在這個大運中，你是可賺到一些錢，也會有積蓄留存的，但並不算很多的。在工作上的開拓、打拚，倒是會有一些具體的成績的。你在此運中性格是強勢的、保守的，只顧自己利益的。敢為自己的利益去爭取的。此運不利感情。

破軍、陀羅同宮時 你是乙年生的人。因破軍居得地之位，而陀羅居陷位，故此運是破耗多、是非多、爭鬥多的運程。你會覺得想打拚、又提不起勁來。此運中你的傷災多、車禍血光頻繁，要查看大運、流年、流月、流日、流時三重逢合的時間點來避難。在此運中，你比較笨，常因做笨事而賠錢耗財。也會做一些毫無意義的事而耗財。總之在此運中，你不想瞭解別人，也不想別人來瞭解你。凡事都是原地打轉沒有前進的成就效果的。你喜歡用暗中做手腳的方式來與人爭鬥或暗鬥，但結果都敗下陣來。此運也不利考試、升官、結婚、生子或開業做生意。一定是破耗多，結果並不好的。

破軍、火星同宮時 在此運中，火星是居廟的。表示此運中，是爭鬥多，而火爆的。你的性子會很急躁，因急躁而破耗多又大。也不利進財。此運中你會遭遇車禍血光的傷災。也會和人爭鬥受傷，要小心。此運較凶，不利考試、升官、結婚、生子，也不利做生意，會有敗局，因急躁而破財。

破軍、鈴星同宮時 在此運中，鈴星也是居廟的，表示在此運中，你有一些聰明搞怪的手段，但爭鬥、是非都很多。你又性急，鬥來鬥去，都有損失不吉的事情。也會發生車禍、血光。但和人爭鬥尤其要小心，你會報復別人，別人也會回應報復，故你一直沒完沒了，耗損更大，兩敗俱傷。此運也不利考試、升官、結婚、生子，也不利做生意。凡是你的構想都是來得快、去得快。錢財也同樣是來去皆快的，沒有留存的。

在寅宮的破軍運，當對宮有武曲化忌、天相時：此運為壬年生的人會碰到的。表示在你的大環境中是財少、困難、多錢財是非的。雖然表面上還平和，但你在打拚時已增加了困難度的。同時，武曲化忌也代表政治上的是非、麻煩。故當你在走此破軍運時，你要小心環境中有政治的迫害，或產生政爭、政治災害，而可能坐牢、有官司纏身。這是在對職場及政治圈的人而談的，在家庭中有時也會遇到。你要躲避它以防惹禍上身。你要小心言行，不要隨別人而起舞，以防有災上身。

在寅宮的破軍運，當對宮有武曲化祿、天相或武曲化權、天相相照時：因你在此大運中，大環境中有財星帶祿星，或財星帶權星，因此在你的大環境中會財多，或你是可掌握財富的。因此你在打拚能力上較好，此年多努力會有大收獲。無論你是在賺錢上，或走政治路線或參加選舉的打拚上，你比較能掌握錢財、權力，一舉成功。此運對各方面都有利。

卯宮

在卯宮的大運逢空宮運　對宮有太陽居平、天梁居得地之位相照。故此運較空茫。環境中太陽已西下，天梁的貴人運助力也不甚強，但還有。所以在此運中，你的打拚能力不強，在生活中有些意興闌珊、提不起勁來。自然這樣的運氣也不太好了。不過卯宮若有文昌、祿存，或有酉宮有太陽化祿、天梁化祿的人，就會有『陽梁昌祿』格，在卯宮的大運中就有考試運和升官運了。這樣也能主貴，往上爬。在人生的過程中還是光明面多的。

要是卯宮沒有主星，只有天刑、天姚、紅鸞等小星，則無大利益。有天刑獨坐卯宮的大運，表示心情悶。天刑是上天刑罰你的星曜，讓你成天心情不好，有鬱悶的感覺，也人緣不佳，也有志難伸了。多曬太陽、多運動能改善。

有天姚、紅鸞獨坐時，愛聊天、串門子，愛做些與人際關係、閒扯的無聊事，工作也不積極，無大用。亦會有桃花是非。

卯宮的空宮有文昌進入時　文昌在卯宮居平位，在此運中必須有祿存或對宮有太陽化祿或天梁化祿，才會形成『陽梁昌祿』格。否則在子宮或午宮有祿存或化祿也行。有了『陽梁昌祿』格，就有考試運和升官運了，事業的發展才會好。人的命格才會高，才會有成就，能具有高學歷，知識程度才會高。有文昌獨居卯宮，而子、午、卯、酉四個宮位不見化祿或祿存的，這是『

陽梁昌』而沒有『祿』的格局，自然讀書對其人沒有用，也不能用讀書來賺錢了，他也不會多花時間去讀書，會以其他的方法去賺錢了。

文昌在卯宮居平，代表智力和精明度、計算能力並不強。在算數、數學上能力不算好，故做生意算帳也不行。在這個大運中，雖然你仍稍具文質的外表，但並不待別的文質彬彬及高貴的，只是普通程度的溫和的氣質。在服裝穿戴上也並不十分講究。也不特別聰明，此運中你賺錢也不多。此運中你只是偶爾用一些小聰明在完成一些事。好運道也不算多，只要平順就算是你的福氣了。

卯宮有文曲進入時：文曲在卯宮是居旺的，因此在此運中你的人緣好、口才好，喜歡說話和交際。你的才藝也不錯。你會賺有特殊才藝而發展出來的錢財，財不算多，但足夠生活。你會因特殊才藝而稍具名聲而得意。但這只能說是平順生活中的點綴而已。此運帶桃花，有利感情。

卯宮有左輔或有右弼單星進入時：在這個左輔運或右弼運中，你會具有平輩貴人運。兄弟姐妹和朋友是你最好的夥伴。能幫助你的也是他們。此運中你具有合作精神，會想方法使他們來配合你做一些求財、辦事的事情。同時你也會對你周圍的平輩之人伸出援手來協助他們。在事業上，求財、賺錢上還是好的，雖並不一定賺到大錢，但生活無虞。但在感情上、家庭運上、婚姻運上並不太好，以防有第三者介入。感情多波瀾，或要鬧離婚等事。在求學上也會發生休學、重考的事件，須要多用心和腦子來擺平。

卯宮有祿存進入時，你是乙年生的人，對宮會有太陽、天梁化權相照，最好的格局是要在子、午、卯、酉等宮位再有文昌星，就可形成『陽梁昌祿』格而主貴了。也才有考試運或升官運。人生逢此運就會努力向上。倘若文昌不在四方三合位上，就不能有『陽梁昌祿』格時，此時的祿存運，只是保守的、吝嗇的、頑固的、賺自己生活所須的財祿。此時你很會存錢、錢不多，但會儲存。只是常有受欺壓、又想反抗，卻使不出力的感覺。這是因為有『羊陀相夾』的原因，對宮又有天梁化權相照的結果。此運在事業上的進展不大，在錢財上也是生活充足而已。此運不利感情。

卯宮有擎羊進入時，你是甲年生的人。逢此大運，非常辛苦。因為對宮有太陽化忌、天粱相照。是故一定有和男性或事業上的是非災禍發生，也要小心會傷害生命。和你有糾紛的人，一定是男性，或公家機關、學校、上司之輩的人物，也可能是和父親不和而相剋，工作也不順利。更要小心官非、車禍、血光問題。也要小心自殺問題。

卯宮有擎羊獨坐的運程，是擎羊居陷的運程，極凶，會傷眼目，身體不佳，也會在運程中爭鬥多、生活不易。此運中你很煩悶、多煩惱、憂心、疑慮、精神衰弱，又有報復心，更製造了不利自已的景況，尤其是大運、流年、流月、流日、流時，三重逢合時為『擎羊迭併』，會傷及性命。最重要的是此運中財少、賺錢不易，做事很辛苦，沒有好運。

卯宮有火星獨坐時：因火星居平，縱使有意外之財也極少。因有對宮太陽居平相照，要小心火災的發生。車禍的傷災也要小心。此種火星運也不算吉運，也常有意外事故，留下後遺症。在此運中，你的心情急躁，做事馬虎，虎頭蛇尾，常不耐煩，也引起別人對你的煩感，所以賺不到錢。財窮時，就要想到靜下心來，慢慢分析事情，看看周遭的人誰最會賺錢，虛心向他求教、學習，千萬急不得，急就會壞事，做不成事，也就賺不到錢了。

卯宮有鈴星獨坐時，因鈴星在卯宮也居平，故也是急躁、易發生火災的運程。車禍的發生頻率會比有火星的人更高，且受傷後有發炎、發燒不退的現象，要小心。人在走此鈴星運時，會喜歡自做聰明，做些怪異、引人側目之事。此運也賺錢不易，偶而有些意外之財，但對生活沒有幫助，仍常鬧窮。在考試、升官運上都不算好。

卯宮有天空獨坐或地劫獨坐的運程：在此運中，你表面看起來很聰明，但什麼都抵不住。你在性格上不太在乎很多事，做事不積極。你的價值觀也異於常人，不重錢財，也掌握不住錢財，有時候你也很困擾。但是此運就是凡事皆空，好事多磨，容易被劫空的。在此運中好事很少，幾乎全無，只要小心一點，壞事也不致發生。運程中只有一個天空或一個地劫，問題並不大，只要不是天空、地劫同宮或相對照的，生活仍可平順。也只要對宮沒有化忌來相照，是非、災禍還是很少的。對宮有太陽化忌相照的人，就要小心遭災而喪命了。

辰宮

當大運在辰宮時，是走廉府運。此運中廉貞居平、天府居廟。走此運的人，都喜歡做人際關係，多交際。也喜歡和人交換利益。但此運中的人都是小氣、吝嗇的，喜歡存錢、守財的。他們與人交換的利益，多半是利用工作上的便利，或一些口頭上的優惠，並不從自己口袋拿出錢來做公關。故只是表面工夫而已。人在走廉府運時，喜歡參加喜慶宴會來和人找關係。在此運中，人會以人際關係來賺錢，不會做太傷腦筋的工作。因為廉貞居平，缺乏企劃能力、智慧較低之故。在此運中，人是可存到錢的，但所進的財祿並不算特別豐富，只是小富而已。在此運中要小心身體上、血液的問題、皮膚及嘴角潰爛、牙病等問題。

廉府和文昌同宮時：此運中，文昌居得地之位。走此運的人，會外貌長相斯文，態度慢性子，稍具文筆，能計算，心思較縝密，較陰險、計較。但也特別小氣吝嗇。凡事都要計較，對錢財很細密，也能賺到錢，存到錢。文昌在辰宮時，無法形成『陽梁昌祿格』了。故無法有高學歷，他只是把聰明都用到賺錢、數錢方面去了。所以沒有特別的精力讀書或做其他的事。

廉府和文曲同宮：此運中文曲居得地之位。走此運的人，會口才還不錯，也較愛講話，有別於一般走廉府運的人。同時他也在此運中較愛耍嘴皮子，愛騙人。喜歡說好聽的，唬弄別人。而且他是樂在其中的。在此運中，其人會存錢，但智慧並不高，喜歡在某些時刻展現自己的小才藝。人緣還不錯，也喜歡和人拉攏關係，沾親帶故，以求有更多的賺錢、存錢的機會。大致上運程是普通而帶有積蓄而能存財的運氣。

廉府和一個左輔或一個右弼同宮時：當廉府和一個左輔或者是一個右弼同宮時，它的對宮（辰宮的對宮是戌宮）就會有另一個右弼或另一個左輔星在相對照。因此左、右相照，力量很強，代表平輩貴人、男女貴人分別在自身和環境中都出現來幫你的忙。也就是說你本身也是有合作精神的人，而環境中也有會幫助你的朋友和兄弟姐妹之類的人。所以你一下子就得到很大的助力。也因此你在此運中更熱衷交際應酬，而且全心全力放在上面，全憑左右逢源，而找到生財的機會和儲存到財。所以這是一個很不錯的運氣。但在讀書方面仍不佳，會重讀、重考。在婚姻運，戀愛運上會有第三者出現。在升官運上有貴人幫助，或有人向你提出交換利益，而升官成功。在選舉方面，表面上看來是好的，但不一定，因為選舉像考試，是『主貴』的關鍵，所以倒不一定有利，說不定幫忙者多，反而功虧一潰，要重來。

廉府和擎羊同宮時：此運中，人是特別的自私、陰險、計較、衝動、好競爭、愛報負人。同時也有話少、沉默、愛思考、多想、多煩惱的問題，眼目不佳，亦可能有血液的問題。

並且最嚴重的是此運中，對宮有七殺相照，而形成『廉殺羊』的惡局，會有交通意外事故、死於外道，因此要算出流年、流月、流日、流時三重逢合之時，以便防範。此運中天府財庫星受擎羊刑星的『刑財』影響，因此財祿也受到剋制，不豐裕了。再加上本身自私、陰險、多思慮的自困現象，會比較保守而人緣不佳，雖然好競爭，但聰明度並不十分好，故不是好運。此運定會有激烈爭鬥之事產生，勝敗不定，考試的結果成績是中等接近合格的上下之間。若想升官要靠放下身段，多拉攏、多交際才行。做生意會十分辛苦，得財不多。

廉府、陀羅同宮時：此運中，人是特別的思考慢、動作慢、頭腦笨。也會有陰險、自私，把許多計謀放在心中再三的斟酌，在心中煩惱不已。此運也是刑財的格局，錢財進得慢，也會有拖拖拉拉進不來的情形。其人更是做事沒有方法，比較笨。在考試運、升官運上並不太好，也會有拖延、重考的事情發生。此運中最大的問題，也是會形成『廉殺陀』的惡格，要小心算出流年、流月、流日、流時來，以防有車禍傷災會傷及生命。此運也不利交際應酬，不利人緣的開拓。

廉府、火星或廉府、鈴星同宮時：在此運中，也是刑財的格局，是因為脾氣急、個性衝、思想不成熟，思慮不周延而導致進財不順，或做事有瑕疵。但問題不大，財還是有的，只是不太多而已。有車禍、傷災，較嚴重的問題。

廉府和一個天空，或廉府和一個地劫同宮時：在此運中，天府財庫星逢空或逢劫，都是『財祿逢空』的格局，所幸天府居廟，還不會完全空。而廉貞居平，代表智慧低落，不太用腦子。在此運中，其人會思想清高，不太接近財。想賺錢，但不往財路上找，這主要是頭腦的思想有偏差的問題。或是眼光不好，根本看不到財的方向，以致走錯路。此運做任何事都有容易逢空做不成。

廉貞化忌、天府同宮的運程：此是丙年生的人會遇到的。此運中，你的思想古怪、脾氣也怪，易遭官非，也易被是非糾纏，所以這是個煩惱不斷的運程。要論錢財，你的生活還是富裕平順的。但是在賺錢進財方面，你則頭腦不清，會多惹是非賺不到錢。在此運中你一直頭腦不清，想事情也常扭曲、反覆，很混亂，理不出頭緒，因此不利考試和升官。此運中，外面的環境是凶悍的，不講理的，所以你更覺辛苦。你如果想平安過完此運程，只有靜下心來，常自省或唸佛，摒棄外界的干擾，才會平順，此運中亦要小心血液的問題和開刀的問題，破一些血光或開刀見血光，也許會幫助你平順一點。

巳宮

當大運在巳宮時，是走太陰陷落運。此運中，肯定是錢財少、窮困的了。太陰是陰財星，是儲存暗藏的財，也是每月發放的財，如薪水、房屋租金等財。所以不管你的運程是大運或流年、流月，在此運中有關上述這些方面的財都會明顯的減少，讓你手頭拮据、難過。太陰是月亮，又是談情說愛之星。逢陷落之運，表示你在敏感力上稍差（這是和太陰居廟、旺的人來比的，跟其他命格的人比起來，仍是屬於敏感的人）。你不太瞭解別人內心在想什麼，也不關心。同樣的，你對金錢的敏感力也差，不知道為什麼賺不到錢。在此運中你外界的變化有愈變愈壞的趨勢。有時候運氣又好像根本不動，讓你覺得心中很悶。小孩子逢此運也特別愛哭。錢財少使你智慧也不開，常有愈做愈錯的感覺。此運你只適合做一個薪水族，領固定的薪水可平順。

太陰、文昌同宮時：因此運中，文昌是居廟位，而太陰是居陷位的，是故你有文質彬彬、氣質佳的外表，喜歡讀書及文藝方面的事物，但不太會賺錢。你雖然有些窮，但很精明，學習能力也很強，此運你是有寒儒色彩的人。雖然手上錢財不多，但可精明理財，多學一些智能開發或賺錢技術方面的事務，在下一個好運來到時，便能發生作用而賺大錢了。此運你是性格耿直，和外界的關係不太好，尤其和女性不和，多忍耐可平順。

太陰、文曲同宮時：在此運中，你的財運並不好，但你的口才好、有才藝、可靠口才或本身擁有的才藝來賺錢，生活是過得去的。大致運氣還不算太差。但不利升官、考試。若在此運中有升官的機會，但不會加薪，也無法利用此運賺到錢。

太陰和一個左輔或太陰和一個右弼同宮時：在此運中，表示你本人有合作精神，雖然財窮，但有貴人幫助，但貴人的助力並不大。左輔代表男性的平輩貴人。右弼代表女性的平輩貴人。左輔、右弼是助星，當主星居陷時，左輔、右弼的助力也相對減低，太陰陷落有財不順和情緒起伏動盪的困擾，依舊是奔波勞頓但無財。而左、右對太陰居陷的助力也無法施展。此運考試不利、升官不利，雖有貴人，無法圓滿。此運同時要小心感情上的挫折，有第三者介入，可能會離婚或失戀。亦要小心身體不好，感冒、多病，使自己的運氣更差。因此此運首先要保持情緒的穩定，身體的健康，才能稍抵制不順。

太陰和陀羅同宮：在此運中，太陰和陀羅皆居陷，表示人在此運中是感覺能力不佳、又笨的。也許你自己以為是敏感的，但你對外界真是不會看眼色，做事慢吞吞，常讓別人有怨言。在你肚子中有一肚子要反抗、要頂嘴的話，實際上你自以為別人不瞭解，也懶得說，常在內心生悶氣，不表達，也不溝通。因此此運你是人緣關係很差的，尤其和女人不和。而且你在財運上很拮据，較窮，升官都無望。工作也容易丟掉，也容易有傷災和多病之事，也可能會開刀。算出流年、流月、流日來，小心過日子可躲災、平順。

太陰和火星或太陰和鈴星同宮：在此運中，火星和鈴星都是居得地之位的。太陰是居陷位的。太陰是溫和的星，本來最怕被剋，居陷時再受剋，幾乎運氣窮至谷底了，這是敏感力不足，又性格衝動火爆，無法思想，頭腦不清晰，察言觀色的能力和趨吉、感覺財的能力，以及在人緣關係上的能力全都缺乏，並且會因衝動致災耗財。這時候外面周遭的環境也是不怎麼運轉的，一直是個低氣壓，運氣不好的情況，所以自己也很難改變。一直要等到此運過完了才能有所改變。在此運中要小心生病、傷災、車禍、考試不順，升官無望，做生意會虧本等等，而且事情會發生得很快，災禍是立即展現的。

太陰和天空、地劫同宮時：在此運中，此人必是生於午時的人，因此天空、地劫會同時和太陰居於巳宮。此運不但是窮運，有天空是先天就空無一物的窮。再有地劫是後天被劫掉的窮。所以三種窮運加在一塊，真是十分窮困了，一無所有了。在此運中凡事做不成，其人也會頭腦空空，沒有好的點子突破困境，也根本沒有奮發力。凡事只想放棄或認為根本不可能會成功或有好運。自然人也懶惰不想做事了。這是本身思想上的問題，所以眼睛也看不到好運，和賺錢得財的磁場離的很遠。自然也根本不會去參加考試，也不會爭取升官的機會，賺錢也賺不到了。倘若做個薪水族有固定的薪資可拿，按部就班的上班工作尚且可過活，但錢財無法留存。此年做生意的人可能會倒閉，此運中人的心情悶，無法找到努力的方向與目標。精神很差，也沒有活動力，只會做些無聊的事情殺時間，一定要過了此運，或至此運的末端，人才會漸漸開朗起來。此運最怕有羊陀相夾，或再有太陰化忌同宮，『羊陀夾忌』又逢空劫，三重逢合，定會一命嗚呼，這是不得不注意的事情。

太陰化忌在巳宮的大運：此運太陰陷落又化忌，故化忌也是陷落的。此運很凶，其人窮困，而且還有金錢上的困擾和是非麻煩。又和女人不和，和女人有是非災禍。害你的是女人，要小心。此運中你的感覺能力不佳，而且有怪異多是非的想法，往往把事情扭曲或多想，導致於更複雜、更嚴重。此運最怕有劫空同宮，或在對宮相照，是經過是非、麻煩、災禍之後，所有的利益全成空。此運也怕羊陀相夾，是為『羊陀夾忌』，也是凶運。有災禍致死的危險。此運中最好不變，少做少錯，以靜制變，才能平安就是福了。

午宮

在午宮所走的大運是貪狼運：此運中貪狼是居旺的。貪狼是好運星，表示此運是旺運。而且此運的環境是高尚、優美，情況特佳的環境。此運中你的人緣好、機會多、環境好、生活舒適又忙碌，一掃前一個運程的財窮困厄。心情也好起來。在此運中你是忙碌而應接不暇的，頭腦聰明，做事強悍，自信的，但是做事會馬虎，因迅速講求效率而馬虎、粗糙。你對人也因圓滑而不夠真誠，因事多忙碌，忙著賺錢，迎接機會，對家人、朋友都付出的少。你只是表面應付他們。此運在考試、升官、得財的機會上有百分之九十的好運。在外順利，要動、要外出才會有好運。不動、靜守在家沒有好運。因此在此運中，你和外人是關係和諧圓融的，但在家中和親人的關係都是會引起家人微言的。

貪狼、文昌同宮：在此運中，文昌是居陷的，而貪狼是居旺的，表示此運你是頭腦帶有糊塗的情況的。你的外表是粗獷、邋遢，但運氣還不錯。可見你理財能力差，人也不夠精明，數學很差。你會忙得像無頭蒼蠅一樣，但結果有多好？你卻算不清。在此運中你的環境好，周遭的人也對你好。如果四方有祿星，便可有『陽梁昌祿』格，在考試、升官方面會有佳績，但你不會是第一名或成績最好的那個人，而是因幸運上榜，成績平平的那個人，因為文昌居陷之故。此運中你是糊里糊塗而運氣好的人，凡事也都很順利。

貪狼、文曲同宮：在此運中文曲也是居陷位的，所以你是口才差，頭腦糊塗，沒有什麼才藝的人，但是你的運氣依然很旺。周圍的人對你也很好。你會在圓滑中帶點笨拙，嘴巴不甜，會講不好聽的話。在此運中，你的理財能力差，做事也會顛三倒四的，因此你是全靠運氣好在過日子的。此運中的考運、升官運也還不錯，得財運也不錯，你依然是做事馬虎、粗糙、糊塗，讓人抱怨，但還不太討厭你的人緣運氣。

貪狼、左輔或貪狼、右弼同宮：在此運中，左輔、右弼都是幫助貪狼得到更多的好運的。因此更是如虎添翼，運氣好的不得了。又有左、右手來助力了。此年利於升官，但不利於考試。運氣雖好，但一定要有平輩貴人推薦或幫忙才行，否則會參加第二次的考試甄選才通過。在升官上也一定會有平輩貴人的助力而升得成。在找工作或得錢賺錢上也會因朋友的幫忙而成功。因此是運氣很好的。在婚姻運、戀愛運上卻不一定了，要小心第三者介入，更要小心不能溝通，或有親友愈幫愈忙的情形，故感情問題上要小心。

貪狼、祿存同宮：此運中是運星、財星都很旺的運氣，這是因運氣好而得財，但此運中你的性格會很保守，是又愛交際應酬，又想躲在家中，有些矛盾。不過此運比在子宮時的運氣好，也沒那麼呆板保守，你依然會在外活動多，笑聲大，送往迎來，應接不暇，只是形單影隻，喜歡單獨赴會，而且早點離開而已。此運中要看你把運氣推得多高，做得多大，才能定你得到的財富。做得多、活動力好、機會多的，得財就大。反之，則只有一般的財運了。在升官、考試的機會上也是一樣，自已努力的多的，得到的成就也愈大。考績是榜首也很可能。在感情上，你是又迎合又保守，有孤獨心態的，也不太願意把心事與人分享的，所以家中的人或情人都不瞭解你，你也不想瞭解別人，你會一方面享受周旋在人群中熱鬧的情景，又一方面愛享受獨處的孤獨感覺。總之，你會把這兩種心境處理得很好。

貪狼、擎羊同宮：在此運中貪狼居旺，而擎羊居陷，這是『刑運』的格局，表示好運是受到刑剋的。因此你會有點不想動、不想外出打拚，但你是勞碌的，所以不動不行。此運中也容易有傷災，你會心情有時有些保守、孤獨，也會有時衝動想努力打拚或與人不和。但結果都是製造自己的勞碌、辛苦而已的事。在此運中你會很有計謀、多憂慮，有時心情會不好。也會多計較、有報復心態和與人爭鬥、競爭。此運中的環境依然很好，別人都對你好，是你自己不甘寂寞，自尋煩惱。在考試運、升官運上，競爭激烈，你仍有一些好運，但好運不算絕對的好，也要小心馬失前蹄有漏失。在錢財運上，也是競爭多、賺錢較辛苦的，但仍會賺到，可是不如想像的多。在感情運上，因多計較，付出得較少，你的內心又敏感容易受傷害，因此感覺上是起伏多變的，也是溝通較困難的。要怎麼做全看你自己了。

貪狼、火星或貪狼、鈴星同宮：此運中是『火貪格』或『鈴貪格』的暴發運格式。因此會爆發錢財，有好運。算好流年、流月，三重逢合就可有一生中最大一次的暴發運。可得到一生中最大之財富。在此運中你的個性急躁，做事馬虎，行動迅速，快速快決，很難停得下來用腦子多想一想。因此在人緣關係上也較衝動、火爆。但你運氣很好，別人都會原諒你，尤其在你有暴發運後，別人都以為你有旺運而粘附於你，更不會計較你的不禮貌或暴躁馬虎的性格。此運中財運一流，升官、考試也沒有不中的。更可能結婚、生子、同時有幾樁喜事臨門，運氣一飛沖天。但此時你要預作以後的準備，好運不是天天有的。一定要為以後做完備的計劃，才能幸運長久。

貪狼、天空或貪狼、地劫同宮：當貪狼和一個天空，或一個地劫同宮時，此大運是『好運逢空』或『好運逢劫』的大運。因貪狼是居旺的，故運氣不會真的空空如野，多少還會留存一些。不過此運中，你的腦袋會有些空空。你會頭腦清高，想一些不實際的事。也會想一些好點子，但都是賺不了什麼錢，或得不到真正利益的想法。你的聰明用的都不是地方。在此運中你常漏失好運，或者不清楚好運在何地方。因此在得財、考試、升官上要小心漏失。不過還好只有一個天空，或是一個地劫，只被劫去或空掉一半。仍是會有些好運的。只是你的衝勁不足和後勁無力，須要加強，才能真正擁有好運，而不會讓好運漏失。

貪狼化忌在午宮的大運：有此運的人，定是癸年生的人。因貪狼是居旺化忌，故化忌也是居旺的。你在此運中交際應酬及人緣上受到限制，且會因人緣關係上遭到是非及災禍。一般來說，人在走居旺的貪狼化忌運，運氣並沒有壞到極點的。這只是其人不愛動、害怕動了有是非糾紛，或不愛與人來往，怕招惹是非麻煩，所以有些孤獨受困的情形。實際上，貪狼居旺帶化忌的運程，是人在頻頻外交，與外面接觸以及接觸好運時，對人際關係和對好運的解讀不夠好，看不懂別人的臉色，也錯把某些不好的運氣當做好運，所做的一些事情。這是其人內心瞭解事物不求真實和馬虎的行事方法所招致的災禍和人緣的不和，所以該自省，而不是怪運氣不好。此運中，考試、升官、得財都受阻，但生活之資還是有的，只是較辛勞，因為敏感力不足，而做了許多冤枉事，也容易得罪人之故。

未宮

在未宮的大運是同巨運：此運中，天同、巨門皆雙雙落陷。這是一種看似溫和，但是非多，容易招致別人反感，自己又容易抱怨，而且自己比較懶，不想做事，只求平安，但總達不到平靜的運程。在此運中，考試考不上，升官升不了，得財得不到。福星陷落無福，巨門陷落多禍事、口舌是非、天天只是懦弱的、愚笨的、苟延殘喘的過日子，沒什麼希望，也不想和人多有來往，以免有是非。此運中因環境空茫所以看不到前途所在。

同巨和文昌、文曲同宮：此運中因同巨居陷、文昌居平、文曲居旺，是故在此運中其人的口才好，喜歡表現一些，讓人感覺沒有用的才藝。人在此運中外表和智慧都平平，也不精明。若有祿星（化祿或祿存）在卯、亥、未三合宮位中，也可形成折射的『陽梁昌祿』格，有考試運，要努力才能有高學歷。一般仍不利於考試、升官。賺錢得財，更是很糟。在此運中，人愛享福、享受，喜招惹男女愛情是非，容易有緋聞發生、亦容易生病，有腸道、消化系統和肺部、氣管和心臟、血管方面的毛病。

同巨和左輔、右弼同宮：此運中，因同巨居陷，故左輔、右弼是助惡不助善的。外表看起來此人極溫和，但是非特別多。好像此人有合作精神，有些儒弱，要他做什麼事，要他幫忙，似乎他都會答應，但實際找他幫忙時才發現，他會愈搞愈複雜，什麼忙也幫不上。倒是別人要給他幫忙，解決糾纏不清的問題，很讓人傷腦筋。有此運的人，只是笨笨的等人幫忙而已，別人會幫他的也只是解決一些小麻煩而已。不會幫他升官、得財這等的大事。因為左右是和同巨在一起，不是和財星、運星在一起的關係。人走此運時，會頭腦天真，意想天開，不勞而獲，實際上又不到，運氣並不好。

同巨和擎羊同宮：走此運的人若是丁年生的人，會有天同、巨門化忌、擎羊一起同宮，若是己年生的人，只有同巨、擎羊同宮，此時擎羊在未宮是居廟的，因此擎羊的力量很強勢。丁年生的人，事禍、傷災會發生，有性命堪憂的危險。己年生的人也是如此。但丁年的人，傷災問題不容易好，還有後續的官非和治療上的糾紛是非，也可能會傷殘。己年生的人受傷後，雖也是不容易好，但沒有糾纏的官司事件，慢慢養還是會好。人走此運時，原先已無福，多口舌是非了，現在又多了刑星的傷害，自然是先傷到自己，使自己過得更辛苦了。首先你的煩腦多，常做笨事，思想也是笨的糾纏不清，而且多計較，專為小事生氣。因此此運中會心臟、血管不好，眼目不好是常有的事，耳朵有病變，也要小心。在此運中你是天真、又多心、疑神疑鬼。但不敢說出來的，所以自苦傷身，懦弱不精明的。此運中萬事皆休，做事做不好，讀書不聰明，升官無望，賺錢賺不到還漏財、耗財，只要保持健康身體，留著本錢，就是你最大的聰明智慧了。只要多操勞，少開口，旁人的事少管，就可免去口舌是非，問題、災禍就會少了。

同巨和陀羅同宮：走此運的人是庚年生的人，有天同化科和巨門同宮，雙星居陷，而陀羅是居廟的。此運也是陀羅較強勢。故人走此運是份外愚笨、蠻幹，不會聽人的意見或忠告的。凡事藏在心中打轉，不會說出來，也不向人求救或求教。此運中會有牙齒和骨骼上的傷災，是右手、右腳的傷災，也會有心臟、血管、精神方面的問題，或耳朵方面的問題。走此運的人，事事拖拖拉拉、性子慢、動作慢、思想也慢，常挨罵。若是逢婚期，易遭婚變，遭人嫌。工作容易受阻，遭辭退。賺錢也不進財，拖拖拉拉，其他的考試運、升官運全受阻，因為別人嫌他笨，運氣極不好。

同巨、火星或同巨、鈴星同宮：此運中，同巨居陷，而火、鈴居平，可說是四星全在平陷之位了，故運極差。走此運的人，會外表溫和、懦弱，但內心火爆、很衝、心急，是非更多，內心不平靜。常因小事引爆是非，會多車禍傷災，或最嚴重的，會一時氣憤而自殺，多半會上吊自殺或跳樓、投水自盡。尤其有擎羊在三合方位出現時更準。算出流年、流月、流日可預防。人走此運時，容易心情雜亂、頭腦不清，也容易得精神病症，須要別人好好安撫。此運中萬事不吉，要小心度過。

同巨、天空或同巨、地劫同宮：當同巨運中有一個天空，或是有一個地劫的運程時，表示此人是外表溫和，但頭腦空空的，但是口舌是非也會少一點，因為多少被劫空了。可是福氣也根本是沒有的，所以會傻兮兮的忙來忙去，不知忙些什麼？只是忙些無聊或玩耍之事。自然考試、升官、賺錢得財是全不行的了。

申宮

在申宮的大運是武曲、天相的武相運：在此運中武曲居得地合格之位，天相居廟，故這是一個有一般豐裕的錢財而生活平順，吃穿上的享受很注重的運程。這個『武相運』是要比『寅宮的武相運』福多的運程，因為武曲屬金，天相屬水，又同在申宮，故層次較高，福氣較旺。

人在此運中生活愜意，重吃穿，凡事順利，喜歡理財，對財的事物特別注意。在考試上也是吉運，會努力達成。在升官運上，也可升官，多增加財運。人走此運時，性格較剛直、正直、有義氣，重承諾，也有服務他人的心，做事講求公平、合理，因此人緣亦佳。在此運中人也喜歡管政治之事，有利選舉，為人服務。亦可做好好先生或公證人來幫人解決困難。

武相、文昌同宮：在此運中文昌居得地，故此運是允文允武，人是精明幹練，外表斯文、有福，喜文墨，懂禮儀的。並且在理財方面能力很高，故賺錢很多的。在工作上也是能力強，做事周到圓融的。因此得人喜愛，人緣甚佳的。利於考試，升官、進財、選舉、結婚、生子等喜訊的運程。

武相、文曲同宮：在此運中，文曲也居得地之位，故此是口才好，才藝多、人緣好、喜事多的運程。此運中，交際應酬多，賺錢也豐厚，喜美食，好衣著、表現。也喜歡管別人的閒事，適合選舉、政治或各種競爭。考試、升官也很好。更利於有結婚、生子等喜事。

武相、左輔、武相、右弼運：在此運中，因左輔或右弼是和武曲財星及天相福星同宮，故這些助星就幫助其人得財和得福。因在賺錢和工作、做事、理財方面、政治方面都會有貴人相助，運氣是更加好了。但是如遇考試、戀愛、婚姻方面仍要小心，亦會有重考、第三者介入，或是有離婚之象。

武相、陀羅同宮：在此運中，陀羅是居陷的，因此會拖延、拉低了武相的運氣。也容易使人奔波、有傷災、耗財、財進得慢的問題出現，傷災一定是金屬的傷災，如車禍、牙齒受傷，刀、劍、鐵器、鋼筋、石頭等傷害。『武相、陀羅』同宮是刑福也刑財的運程，說嚴重也不算很嚴重，小心傷災，多操勞一點，賺錢和享用還是有的，但不如完全沒有刑星的好。此運星理財能力是有瑕疵的。

武相、火星或武相、鈴星同宮：此運中火星、鈴星是居陷的，故也是刑財、刑福的運程。此運中，人會因為脾氣暴躁、衝動，而有傷災和進財不順，享用也不多。這也會在人緣機會上打折扣。並且也容易發生車禍，故要小心。在考試、升官上要注意急躁、注意力不夠、太馬虎、做事粗糙、不精細所帶來的惡運。也要注意理財能力不好，有耗財之虞。但錢財仍是夠生活，吃穿仍是會有的。

武相、地劫或武相、天空同宮時：因武相和一個地劫或一個天空同宮時，對宮（寅宮）肯定有另一個天空星或地劫星相對照，故此運中無論是在環境中或是在其人的內在思想上都是處於空茫不實際的狀況。因此會造成取不到財和不知向何方向去取財的狀況。同時這是劫財、劫福、財空、福空的命理格式，自然在享受財和福力方面是有落空的形勢了。同時此運中理財能力也不好，就連可享受吃穿的福氣也被劫空了，只會勞碌，所得不多。這個運程在很多方面都會不盡理想的。考試、升官可能會落空，必須頭腦實際一點，用功一點才能有希望。但你多半懶得動。此運在錢財上有衣食之祿（指有飯吃），但錢財無餘存，當有空忙一場的感覺。

酉宮

在酉宮的大運是陽梁運：此運中太陽居平位，天梁居得地之位。陽梁在酉宮，在命理上稱為『飄蓬客』的命運，是夕陽西下，日暮的運程。因此為勞碌奔波，但運氣不佳，有貴人運也不太強的運氣。此運最好在三合宮位上有文昌和祿星可形成『陽梁昌祿』格，才對此人有考試、升官的運。否則此運只是有些慵懶，做事不起勁、努力不夠，貴人也不幫助，力量也不太大，錢財少。在男性社會團體中無法有競爭力，也與男性有刑剋，不合，受制於其他男性，幫助你的可能是女性的運程。沒有『祿』的陽梁運，會過起來心情悶，雖內心寬宏，但會躲在人背後，無法施展抱負。並且在人緣關係、機會上都不太好。

陽梁、文昌同宮：在酉宮有陽梁、文昌同宮時，文昌是居廟的，但缺一個祿星，只要三合、四方宮位有祿星（化祿或祿存），格局就能完整，就能有考試運，升官運了。倘若缺祿星，就只有文藝修養，卻不能靠此得財，是比較窮困沒錢的了。在此運中，其人會接近文藝、文學方面的興趣方面，雖也精明、計算能力好，但無大財可算。人很寬宏，不與人計較。而重視個人道德的提升，所以是個自重、自省好運程，也喜歡過文化素質高、閒雲野鶴的生活。在考試運上也能考中，升官運上也能升小官。但沒有太大的利益可得。不過在感情方面是順暢的、講究質感的，是博愛又懂得方法的，故也是受人喜愛、推崇的。除了做慈善事業最好之外，在工作上多做而不必求收獲，則能平順快樂。

陽梁、文曲同宮運：在此運中，文曲也是居廟的，因此你在此運中會過遐意的生活，口才好，喜歡聊天。到處開講，適合學算命，更有講話的題材。此運中你的才藝也很好，但表演機會不算多。若是做公益的演出，不收報酬、錢財的，機會就多。但是你有時也想拋頭露面，只想做些私下的，朋友之間的演出。你的性格還算開朗，只是競爭力不足。人緣不錯，只是不願和男人來比較、競爭。此運中，考試、升官運不強，也許會不成功，但你並不在意。因有文昌在巳宮的三合方位上，只要有祿星來會，就有『陽梁昌祿格』，考試、升官就有望了。此運在感情運、家庭運方面來說都還不錯。

陽梁、左輔運成陽梁、右弼運：此運中雖不利於和男性的競爭，但有左輔同宮時，會增加平輩男性貴人的助力。有右弼同宮時，會增加女性平輩貴人的助力。因此朋友的幫助，會讓你運氣好一點。但此運不利考試，除非有文昌、祿存同宮或三合照守，否則仍有重考的危險。在升官運上也要是有平輩的人幫助才行。年長者的幫助和男性的幫助力量都不強。在財運上，因這些星都不主財，競爭力也不算好，只有左輔星助你有生活之需而已，財運不強。但不致於貧困。

陽梁、擎羊運：此運中，因擎羊落陷，故有傷災和眼目不好，有四肢無力、心臟、頭部有病或腎臟有病，循環系統有問題、水腫等，亦可能會開刀。此運是『刑蔭』、『刑官』的格局，故爭鬥多，不利考試、升官，也不利錢財的獲得，更要小心車禍、血光的傷災。是運氣不強，還受刑剋。其人會陰險、多思慮、多尋煩惱，而運氣更壞。

陽梁、火星或陽梁、鈴星的運程：此運中，火、鈴皆在得地合格之處，會有火災、車禍的災禍，也會有燙傷、燒傷、發燒、發炎的病痛。此運中會因為心情悶、性子急躁而出錯。其人也容易高血壓。病重容易爆血管、腦中風，要小心。此運是磨人的運程，心急而事情不順，如果過著閒雲野鶴的生活，凡事少管則好，影響不大。多管者則易出事。

陽梁、地劫或陽梁、天空同宮時，此運中會性情放得開、不重錢財，價值觀沒那麼摳、那麼小氣了。是故，錢財雖無法多得，財也留存不住，但走此運的人並不太煩惱，反而放得開，可以過清靜無為的日子了。在考試運，升官運上運氣不太好。在感情上也不太願多涉入。這是一個雲淡風清的運程。

陽梁、祿存運：在此運中若有文昌在三合、四方地帶相照守，便會有『陽梁昌祿』格，適合考試、升官。若不成格局的人，也會在此年過得稍為富裕一點。但陽梁不主財，祿存的財只是隨陽梁而有變化。有名聲就有財。可是此年的工作運不強，在男性社會團體的競爭力較弱，故財不會是大財。在行事方面，感情方面都會保守、內斂，而且人有些小氣吝嗇，只顧自己，是故人緣桃花上並不十分圓融，你可能不太外出，與人交際來往。

戌宮

在戌宮的大運是七殺運：此運中，七殺是居廟位的，故此運你很忙碌，埋頭打拼。你在智慧上並不十分聰明，但肯苦幹，肯做，故收獲也會很大很多。此運中你會不計體力上的付出，勞動力很強，但你不會在金錢上去投資，你是只進不出的，算計清楚，因為在你的環境中就是一個不太用頭腦、企劃或計謀做事，只知一味儲存，把賺來的錢存起來的方式在努力打拼。是故你上會做體力、勞力的投資，很頑固的一心想賺到錢。是故此運在考試、升官上要付出很多勞力，因為不夠聰明，就算考上了或升官了，成績都不會太好。在財運上還不錯。在感情運和家庭運方面此運會使你固執、強悍、不接受別人的意見，也不肯溝通，做人不圓通，故不利感情和家庭運。在身體方面，小心開刀和傷災。以及身體虛弱、感冒等消耗體力的狀況。

七殺、文昌運：這是子時生的人，會有此運。因文昌在戌宮居陷，故人有此運會粗魯、沒有氣質、凶悍、做事蠻幹、沒有大腦、智慧不足，計算能力不佳，沒有計劃營謀的能力。很可能是頭腦不清，會做些渾事，還理直氣壯、凶暴的。此運當然考試不好，升官在武職可，文職無望。在進財方面也不多，會做些粗俗、粗工可進財多一點，做文職則進財少。在感情和人緣方面是很差的了。

七殺、文曲運：這是午時生的人會有此運。因文曲居陷，故此人口才差，說話粗魯，不會說話，常惹是非。也可能此人只是忙著打拚很沈默不說話。此人也沒有才藝，或才藝無法表現。同時也表示此運中的人比較笨，只是忙碌，做些粗重的工作，或不精細的工作。做文職、精細的事情就常出錯。即使是做會計的人員走此運，也會帳目有錯。此運會賺錢稍少一點，雖打拚工作，但著力點不好，故得財少。也不利考試、升官。在人緣方面也不佳。在愛情運、婚姻運方面，常因口才不佳而遭人誤解。在懷孕受孕方面亦不易受孕，會有精蟲少或生殖能力弱的毛病。

七殺、左輔或七殺、右弼同宮：此運中，左、右助星是幫助七殺凶悍的，故是助惡的部份大。人走此運，容易頭腦不清，一味的打拚、蠻幹、不瞭解實際情況。凡事看起來有朋友幫忙，但愈幫愈忙。如果是賺錢得財，則還算好，有財可進，在其他方面則無大助力。因為人緣不好，情緒凶暴，幫助你的都是你的狐群狗黨，讓你心儀的對象厭煩。考試會重考，升官在競爭上若是太賣力反而有壓力而不中。在生子受孕，做人工受孕會重做。

七殺、擎羊運：此運一定有傷災、開刀、不吉。而且會與對宮形成『廉殺羊』的惡格。要算好大運、流年、流月、流日、流時，三重逢合定有災難，會傷害性命。此運中非常勞碌，且爭鬥、競爭多。使人的情緒緊張．其人也會陰險、計較、自私、小氣、愛報復人，殺氣很重。也會常頭痛，四肢無力，有傷病之災。也容易傷殘。所以此運雖利於競爭，但人緣欠佳，實在是弊多利少的。而且刑剋在自身，都是要自己承受的，故是自己的不吉與惡運。在錢財上也不會多得。考試、升官運會競爭激烈更辛苦，也不太考得上，中得了。

七殺、陀羅的運程：此運是頭腦思想慢半拍，表現出來的行為、動作也是愚笨的。做事蠻幹，想很久才動，卻選了最笨的方法來做事。其結果也最差。這是走此運的人聰明智慧受到箝制的關係。此運程做武職，少動腦，不要在心中多做文章，仍然有強悍的一面，可靠七殺、陀羅的凶悍勁來爭戰，會是好的。做文職和動腦的工作則不行。此運有牙齒、骨骼的傷災，也是金屬器物的傷災。也會形成『廉殺陀』的惡格，有車禍死於外道的情況發生。也要精算流年、流月、流日、流時，以防三重逢合有生命耗損的問題。此運不利考試。升官以武職有利，文職不吉。也不利婚姻運、戀愛運。生子受孕皆不吉。進財方面，是使出蠻力去做，錢財不順，拖拖拉拉進不了財。且有耗財之象。是因笨而被騙耗財。

七殺、火星或七殺、鈴星同宮：此運程火、鈴皆是在廟旺之位的。此運競爭、爭鬥多，而且多是突發的，凶暴的、急躁、衝動的戰鬥。此運中，人很火爆，沒有理性。也容易遭受火災、槍傷、車禍血光等事。凡事不吉，不利考試、升官、感情、婚姻、生子懷孕等事。

七殺、天空或七殺、地劫同宮的運氣：此運中，是無頭蒼蠅瞎忙。看起來其人是很肯幹、肯打拚，實際上沒有方向、目標，也沒有方法。也是頭腦空空，價值觀和常人不一樣，輕重是非不分，也根本無法抓到重點，賺不到財的一種運氣。不利於任何事情。

若人走七殺運，而對宮有廉貞化忌、天府相照時：表示你在七殺運中，因環境中多是非爭鬥、吵鬧不休，有官司之事，而讓你忙碌、操勞不停。環境中雖有財，但你有時會頭腦混亂，看不見財，因而思想、營謀錯誤而賺不到錢。所以此運也不利於任何事情。這是丙年生的人會碰到的運氣，其他年份生的人則無此運。

亥宮

在亥宮的大運走的是天機運：此運是天機居平的運氣。運氣很低靡，而且無變化的跡象。此時的大環境是非常窮困無財的。而你的運氣又不好。所以你只有小聰明來應付日常生活中所發生的事就足夠了，大聰明是沒有的。此運也有愈變愈壞的趨勢，因此凡事不吉。不利考試、升官，進財也困難。只有做薪水族拿固定薪資，生活會平順可過得去。

天機、**文昌同宮**，此運中，文昌也是居平位的，所以其人在此運中真是不聰明，不精明，計算能力不佳，讀書也讀不好，升官也無望。工作也沒進展，運氣很不好了。在此運中，人的氣質也不好，只是瘦弱、多病而已。

天機、**文曲同宮**：此運中因文曲居旺，是故在此運中的人，有小聰明，而且口才好，有一些才藝可賣弄，小日子過得還不錯。有點小人緣，但不見得考試會好、升官會好。因為本身的聰明和活動力都不足，只靠小聰明是不夠。此運在玩的方面有利。在正經事上沒把握，不吉。

天機、**左輔或天機**、**右弼同宮**：此運中，左右助星幫助天機的是聰明，會投機取巧的方面。因此若要偷懶是最好的。若要在事務關鍵點上幫忙，則全無效益。因此也不利考試、升官、進財。在人緣機會方面也不一定行，因為天機居平的小聰明天生就讓人討厭。輔、右弼根本幫不上，只是更增加天機居平的是非多，要弄小聰明，故人緣不算好。

天機、祿存同宮，在此運中，祿存星雖是居廟的，但它是看主星天機的狀況才帶財給它。天機不主財，又居平，故祿存帶給它的財是薪水階級的財。有工作就有飯吃。而且要勞碌才有飯吃。人走此運時，很小氣吝嗇、保守、只顧自己，不管別人，因為自顧不暇。實際上此運並不十分好，仍然受天機居平的影響，運氣有下墜，愈變愈壞的情況，雖有祿，但只是有衣食、溫飽。在考試、升官，工作運上並不強，也不見得能考中或升職。在人緣桃花上也不利，有孤獨之象。

天機、陀羅同宮：此運是陀羅也居陷的運程。是癸年生的人會碰到的。走此運的人，是又笨，又愛賣弄小聰明，踢到鐵板以後，內心又怨恨，不表現出來。只在暗中報復。走此運，凡事都會慢、拖延、頭腦不清，又愛推拖責任，愛怪罪別人，所以什麼事都做不好。此運不利升官、升職、就業，也不利感情、婚姻。會因一時的笨想法而離婚，事後後悔。此運只要平心靜氣的過日子就好了，不要想做太大的發展，以防有災。此運也要小心牙齒的傷災、車禍血光、手足的傷災。

天機火星或天機、鈴星同宮：此運中火、鈴也居平，這是『刑運』的格式。天機和火、鈴都是速度快的星，居平陷時，稍快一點都有災難發生。走此運的人，也會因脾氣急躁、火爆，而使災難發生。同時也要小心火災、傷災的問題，車禍的。運氣全都很差。

天機、地劫、天空同宮：在巳宮的天機運中，若有地劫、天空、是劫空一起並坐存在的，因此原本已每下愈況的運程，更見空劫，一點也沒反彈回升的餘地了。不但丁點的小聰明沒有了。想靠變化、突變的機會也絲毫不剩。所以人是頭腦空空，根本也抓不住什麼運氣的了。沒有錢，沒有運，也沒有機會和人緣。凡事不吉。

天機化忌在亥宮的大運：這是戊年生的人會碰到的。此運中運氣壞還多是非。運氣沒有沒關係，但運氣不可有變動。一變動就有是非，而且運氣愈往下沈，是非愈多，愈嚴重，災難真是很多的。假若天機化忌又和地劫、天空同宮，則會有不測風雲，有性命之憂。天機化忌之年，因對宮遭羊陀相夾，反射過來，也同樣會相夾亥宮，也有『羊陀夾忌』的惡格了。因此要小心性命之災。這是因快速或自作聰明的問題而有性命之災。

天機運在亥宮，對宮有太陰化忌相照的運程：這是由於環境中財窮，又多是非，是錢財的是非，和女人的是非。而你本身頭腦也不夠聰明，故凡事也不吉，運氣更差。要等下一個紫微運才會變好了。

②『紫微在丑』命盤格式

子宮

在『紫微在丑』的命盤格式中，人若走子宮的大運，**就是天機居廟運**。在此運中運氣的變化很快，是會愈變愈好的。而且在很多事情上，常會有突發轉機，會起死回生。這也是一個十分聰明的旺運時期。人會有機智應變，也會有創造力來發展新事物、替自己創造機會。因此在所有的事物上都有轉機。在考試、升官上，會突然有新體制、或新的機會對你有利。在得財上，仍是要做薪水族才能有發展。在做生意方面，天機居廟運，只是在轉運，並不會使你立即得財，因為天機不主財，它是運星的關係。在感情上則要小心多變化的問題，因感情喜穩定，有變化則不吉，

②紫微在丑

貪狼(陷) 廉貞(陷) 巳	巨門(旺) 午	天相(得) 未	天梁(陷) 天同(旺) 申
太陰(陷) 辰			七殺(旺) 武曲(平) 酉
天府(得) 卯			太陽(陷) 戌
寅	破軍(旺) 紫微(廟) 丑	天機(廟) 子	亥

故不利感情。在生子受孕方面是吉的。

天機、文昌運：此運中，文昌居得地之位，故此運中是精明幹練，且計算能力佳，極端聰明的旺運的。走此運的人，也喜歡往學術、文藝方面發展，有利於考試、升官。三合方位有祿星時，會形成折射的『陽梁昌祿』格。故有考運、升官運。在感情方面，此運中你也會規規矩矩，喜歡聰明、有文質氣息的人，不喜歡粗魯的人。但要小心找到外表漂亮、聰明，但無財運的人做配偶或情人。此運大致是好運。

天機、文曲同宮：此運中，文曲也居得地之位，故此運中，人很聰明，口才好，才藝多，善辯論，愛表現、表演。有利於選舉或登台表演，有桃花人緣，但其人外表不一定秀氣，大致此運程也是好的，升官、考試要看努力有多少而定了。

天機、左輔或天機、右弼運：此運中，天機運的變化很強勢，運氣有向上轉進、上衝的趨勢。而不論是有一個左輔或有一個右弼和天機一起同宮，都是有輔助的力量，幫助天機有更強的轉變力量。天機和左輔同宮時，表示有男性的平輩貴人（朋友）幫助你在轉運的過程中更對你有利。有天機、右弼同宮時，表示有女性朋友、貴人會幫助你在轉運時對你更有利。人在天機居廟運中都智慧很高，有隨機應變的能力、機智。再有平輩的助力，如虎添翼一般。此運利於選舉、升官，但不見得利於讀書、考試。某些人常因運氣變好了，有了賺錢的機會，反而休學、忙著去賺錢了。此運在賺錢得財上是好的開始，但此運正坐於『機月同梁』格上，適合為人服務，故賺薪水錢較長久。做生意賺錢仍有起伏、要小心。在婚姻運、愛情運上也要小心感情起伏的問題，和有第三者介入導致感情有變化，故算是不吉的。

天機、擎羊運：此運中天機居廟、擎羊居陷。表示此運是表面看起來運氣不錯，但實際上是爭鬥多，競爭激烈的。所以相對的，變化就帶來刑剋，這是屬於『刑運』的格局。人在此運中是極端聰明而且是帶有陰險意味的，會暗算人的，但也同樣為自己帶來某些人緣方面，和自己內心、精神方面的不開朗。此運也會由原本前途無限的運程，非常光明的運程，一下子經由爭鬥而激烈，緊繃了起來，有驚心動魄的味道。所以此運是讓人不好受的。讓人緊張的運程。這是壬年所生的人會遇到的運程。此運中而且多傷災，亦可能會開刀，或有車禍血光。亦會有傷及左手、左腳的傷官，會常頭痛，四肢無力，有勞累辛苦，煩悶，憂慮等現象。

天機、祿存運：此運中，祿存帶給天機的財是為人服務、薪水階級的財，會生活無慮，但不會發大財。會一點一滴的辛勤努力工作得到的財，是衣食豐裕的財，倘若三合宮位或戌宮再有文昌星可形成折射的『陽梁昌祿』格，能有高學歷或考試運、升官運，前途無量。此運中，你是一會兒想變想動，一會兒又保守孤獨的。你會和人保持適當的距離，不太近也不太遠，以便適應你多變的情緒。你在此運中最明顯的是很小氣、吝嗇、愛存錢。最怕有人來借錢，你會溜得很快。

天機、火星或天機、鈴星同宮的運程：此運中，火、鈴都是居陷位的，因此此運中多車禍、血光，你會很急躁，脾氣火爆，做事性急、馬虎。常對人不耐煩，也會性情起伏，讓人難提摸，常因為太急躁而出錯，做出後悔的事來。因此考試運、升官運、財運全都看你是否穩得下來，或是否把持得住而定。性情平和時，運氣就好，火鈴的影響就不大，都會成功。性情急躁時，定有災禍發生。

天機、地劫或天機、天空同宮時：此運中，變化會慢或沒有變化。也可能愈變，運氣愈沒有了。因為這是『劫運』或『運空』的格局（請看法雲居士所著《如何轉運、立命》一書中有解釋）。所以運氣不變反而是好的，愈變愈空。所有的運氣包括考試、升官、進財、感情方面皆可能會失誤或損失了。拿不到了，因此順其自然，以不變應萬變才是好的方法。

天機化忌在子宮的大運：此運是戊年生的人會碰到的運程。也因為對宮會有擎羊和巨門同宮，表示大環境是災禍及是非多的，也是爭鬥多的，你自然處在一個運氣變化不定，有是非災禍的環境之下，無法平靜下來。而且是愈變，是非災禍愈多，很難平息。不變才好。這個時候也表示你在此運中是有奇怪的聰明想法，反而導致給自己帶來糾紛和災禍。此運要小心外出有車禍傷災，而且此傷災並帶有糾紛，很難解決。此運只有少自做聰明及少做無謂之事，冷靜的、穩定自己的情緒，低調處理，等待此運過去，才是最聰明的做法。

丑宮

在丑宮的大運是紫破運：此運中紫微是居廟的，破軍居旺的。在此運中你是外表體面，性情豪邁，粗曠，喜歡說大話，一心想做大事的人。你的打拚能力也很強。通常人會用此運來開疆闢土，打下一片江山，開拓事業領域。因此會有人在此運中投資、開公司。但破軍仍有破耗的性質。因此在此運中做生意的人，剛開始時會很好，但做不長久。此運適合選舉，超強的打拚能力，會選得上。此運在考試、升官上也有助力。辛苦努會有結果。但在感情、婚姻上會太隨便，可能會與人同居，也可能會離婚再娶、再嫁。在生子懷孕上，亦會生到外表體面，但破耗多的小孩。

紫破、文昌、文曲運：此運是外表的表現很美好、高尚、愛裝體面、裝闊，但實際是窮運，且有水厄。要精算流年、流月、流日來提防。在此運中你喜歡精美的，有文藝氣質的事物，你的眼睛看不準，思想有某些狀況的清高，因此耗財多，又放不下身段。很多錢沒辦法去賺，很多工作沒法去做，因此是窮困的。此運中若一意孤行去做老闆而投資，肯定是血本無歸又欠下一筆債了。此運也是外表光鮮、美好、口才又好、表現極佳，在此運中你很愛表現、表演、喜歡講演、歌唱、跳舞，也喜愛交際應酬，但都是進不了財的事。且會更耗財。此運會在玩樂上投資很多，耗財大，但在正事的努力上打拚較少，付出較少。這是愛享福的運程。

紫破、右輔、右弼運：此運是紫破、左、右四星同宮的運程。左輔、右弼幫助紫破運的是努力打拚、及使其人更高貴、更破耗。因此走此運的人最好是參加選舉或競爭、升官，會有幫助。但不適合考試，會打拚錯了方向，或有其他異外的事影響考試結果。此運也不適合婚姻運、變愛運，會有同居關係不結婚，或有多次婚姻關係。

紫微、破軍化祿、擎羊運：此運中擎羊也是居廟位的。這是癸年生的人會遇到的運程。此運代表的是在平和的政治環境中，用高超的手段來鬥爭，使自己得利，別人也不太難堪，兩蒙其利的好運程。此運適合做選舉活動，辛苦一點會選上。在此運中一定會產生爭鬥、競爭，使你頭痛，也一定會破財很多。所以升官上，會付出很多錢財和精神體力的代價。在考試上，成績在錄取邊緣。會考上花費多、名聲中等的貴族學校，使你唸起來辛苦的學校。在進財方面，是出手太闊氣，表面打腫臉充胖子，得不到實際利益，虧空大於收入的。在感情方面，不吉。在婚姻方面，會嫁娶到外表體面，豪邁，但內心凶悍，陰險，行為不良的人，會讓你破耗多，花費都是第一流的，是讓你頭痛的人。在此運中有傷災、血光的破耗，要小心車禍。

紫破、火星或紫破、鈴星同宮：因火、鈴在丑宮是居得地合格之位。故此運代表的是外觀表面很不錯，但內在鬥爭很多，很火爆激烈，而且常有意外事故發生。在此運中要小心車禍傷災。並且會因脾氣暴躁，做事不小心、或常口角，引發爭端，故此運不佳，常因衝動而使事情破局做不成。考試、升官會因太急躁而失敗。進財方面因太急躁而破耗大於所進之財。在感情、婚姻方面，因急躁、火爆的脾氣而反目離異。

紫破、地劫或紫破、天空同宮：此運中有空架子好看，但內在常因破耗而虛空。也會因其人的觀念不實際根本抓不到利益，只是自己做美夢而已。因此在各方面都是不吉、破耗、不成功的。

紫微化權、破軍運：這是壬年生的人所會走的運程。表示運程中雖有破耗，但打拚努力，而且致祥和的力量特強，使你一直高高在上的掌握主控權，因此凡事都能成功，而且做得很漂亮，高人一等，利於所有的事物。

紫微化科、破軍運：這是乙年生的人會走的運程。表示運程中打拚的力量強。你會用很好的做事方法和手段，用文質、高貴、祥和的力量來解決事情。大致上事情還很完美，只是耗財多一點罷了。

紫微、破軍化權、陀羅運：此運中破軍是居旺的，故破軍化權也居旺。陀羅是居廟的，是故運很強勢。人走此運，外表會雄壯，有大氣派、有強勢要做，要打拚、要破耗的意願和實際狀況。但頭腦卻笨又衝動和頑固，會蠻幹，想做就做。根本不會聽別人勸告。一意孤行。但做了一半，看情勢不妙，就會停下來。拖拖拉拉的。最後再找藉口，或找人墊背，搪塞過去。此運大致還撐得下去，因為人在此運中很凶悍，所以別人也不會得罪你、數落你。

在此運中打拚所造成強力的破耗，實際大過於所得的利益。只要是得財或其他好的事，全都會拖延做不成。但表面仍維持著美麗及好的假象。要等到運氣不佳時才會被掀出來。在考試運、升官運上有大膽一試的衝勁，但不一定會成功。在感情上，會不顧一切的主導、管制對方的感情，而且自己有心事卻埋在心底，不會溝通。此運不利感情、婚姻。在結婚過程中，也會因太霸道而拖延。在此運中也會嫁娶到霸道、內心比較笨、又大膽、口沒遮攔，說話、行事不走常規、性格反叛、自大的人。此運會有牙齒、骨骼的傷災，是嚴重破耗的傷災，會有花很多錢，住很貴的醫院或醫療費龐大的情形。

寅宮

在寅宮的大運是空宮運，有同梁相照：在此運中相照的天同居旺，天梁居陷。所以此運代表運不強，有些空茫，但外界的環境中是慵懶、愛玩、工作能力不強，沒有貴人、長輩相助的環境。因此人走此運時，會有些懶惰。特別喜歡休閒的活動，東奔西跑的，靜不下來，正經事不愛做，賺錢也少，財運不太好，喜歡用嘴巴或口才隨便說話、輕鬆的賺錢，也會做些零工或臨時工作來賺錢。此運中，人的外表溫和、沒幹勁，凡事不積極，故運不強。不利考試、升官得財，只利玩耍。

文昌在寅宮的運程：在此運中文昌是居陷的。表示文化素質和精明度極差。在此運中，你的計算能力不佳、形態粗魯、沒有文化氣質，也比較笨。進財少、讀書、考試、升官都不行。倘若在辰、戌、午、申等宮有祿星存在，那你就有『陽梁昌祿』格，學工科或武職仍會有好的、考得上學校的機會。在人生中也會有大學以上的學歷。但不適合唸文、商科。在感情、婚姻上不利。沒有桃花，人也小氣、吝嗇，做人不佳。

文曲在寅宮的運程；在此運中文曲也是居陷位的。表示口才差、說話易招災、人會較沈默、人緣不佳，也會沒有才藝、才華。因此也沒有考試、升官、進財運。在感情的表達上很拙劣。沒有桃花，婚姻此運結不成，或結到不好的婚姻。

祿存在寅宮的運程：在此運中，其人會很保守、很勞碌。賺錢是賺自己一人的財，財並不多。只供自己一人衣食富裕而已。在此運中，人會很小氣、吝嗇，害怕別人來奪財。也因為有羊、陀相夾，故內心有受欺凌的感覺，內心很悶、不順暢。但其人會將注意力放在勞碌的賺錢和存錢上。在這個祿存運中，考試、升官的運氣是中等，不見得一定會成功的。在進財方面，會有餘存，但不會是大財。在感情方面是保守、內斂的、心性小氣、不開放的、是自私的、頑固的、自閉的。因此在婚姻運上不一定能結得成婚。大多會保持現狀。

左輔或右弼在寅宮的運程：在此運中，**若是左輔運**。表示有男性平輩貴人在相扶持。你的內心是敦厚、慷慨、重情義，能文能武的。你會有機智、謀略、耿直、度量大、又穩重、人緣好、隨和的。因此受到朋友的喜愛。但是你卻不喜歡到長輩的面前獻殷勤，因此長輩運差一點。在此運中你賺錢、得財會受朋友的幫忙。在考試、升官上不吉，會重考。讀書易休學再重頭唸。在感情上多桃花，會有同時愛上他人。亦可能有再婚、重婚現象、娶細姨。也可能在外會生私生子的運程。

若是右弼運：表示有女性平輩貴人在相扶持（女性朋友）。你的內心是表面隨和，但內心專制的、剛強的、忠厚、耿直的、異性緣好、有野心、好濟施。你會受到女性朋友的喜愛，但與女性長輩不和。你常有同情心，但只照顧被你認定『自己人』。此運中，你較喜歡待在家中，佈置家庭或親近家人（包括配偶、子女），你比較孩子氣重、天真、熱心、愛雞婆管事，也愛幫助別人。此運在考試讀書上會重考、重讀。在升官上要等一等。在進財方面有女性朋友助財。在感情上，會鬧三角戀愛。也會有再婚、重婚的現象，亦會有婚外情所生之子女的現象。

陀羅在寅宮的運程：此運中陀羅居陷。故此運中的人是頭腦頑固、愚笨。內心有事常盤旋、不說出來，內心有陰險計謀的人。此運很差、不利進財，會拖拖拉拉。人在做事的能力上也拖拖拉拉，又會找藉口搪塞失職。常自以為別人不瞭解，還滿懷委曲。在考試、升官上一定不順。在感情上也不順、煩惱多，結婚會受阻，這全是走笨運、思想打結、解不開之故。倘若有陀羅、左輔或右弼的運程，會意氣用事，受人利用，也容易被騙結婚，被逼結婚。

火星在寅宮的運程：此運中，火星居廟。故此運中的人很愛時髦、打扮、新鮮事、性急、火爆，但凡事虎頭蛇尾、草率行事、不利進正財，但常有意外之財。倒也過得去。此運中，考試、升官要碰時間，流年、流月、流日也是同時火星運時，有意外好運、有機智，可考上，其他時間不吉，考不上。在感情方面、婚姻方面不利。有急躁、火爆之現象，令人反感。要小心車禍、血光和火災。

鈴星在寅宮的運程：此運中，鈴星居廟。故此運中人很性急、火爆、有急智、聰明、古怪、有怪異想法之運程。不利正財、意外之財強。做事有計劃、喜報復人、記恨心強、不做正事、喜研究旁門左道之事。考試、升官要碰運氣。在流年、流月、流日、流時，走鈴星運時，有好運，可考中。其他的時間有意外事故發生。在感情方面，性急、重義氣、講求新鮮感、喜歡新思想潮流、新科技的產物而加以利用。自然在愛情方面會喜新厭舊，不想結婚。此運要小心車禍血光和燙傷、火災。

地劫或天空獨坐寅宮的運程：在地劫獨坐寅宮的運程時，對宮是同梁、天空相照。在天空獨坐寅宮時，對宮是同梁、地劫相照的運程。因此**在這個地劫運中表示**：外界的環境是溫和、平淡、懶洋洋的，什麼都沒有的，也沒有貴人的境地。因此其人在思想上、也很空茫、清高、逍遙、閒雲野鶴，無所適事，故也賺不到錢，什麼都做不成，只是東奔西跑或靠幻想過日子。

在天空運中表示，自己的思想是清高的、空茫的。而外界的環境是福氣和貴人都被劫空的，空無一物的。自然什麼也得不到、也不想要的。因此這不管是地劫運或天空運，都是財也沒有、事業虛無，升官、考試不成、感情、婚姻，根本不想談，也談不成的。選舉也選不上。做人工受精要懷孕也根本失敗的。

卯宮

在卯宮的大運是天府居得地運：在此運中，天府是財庫星，但是只有剛合格的位置，因此財是不算太大的財。此運中，人是愛儲蓄存錢的。人會很小氣吝嗇、愛計較、愛算帳，做事一板一眼，像公務員一樣有規律的。此運中的財運雖不太大、不特豐，但富裕可存錢。故生活平順、氣定神閒、態度優雅。此運利於考試、升官、會加薪。在感情上有些自私、小氣，但肯付出，對別人好。在婚姻上很平順。在懷孕生子方面，可生到帶財、聽話的小孩。

天府、文昌在卯宮的運程：因文昌居平，故此運中，人還溫和、穩重，並不特別靈秀，也不精明幹練，只有一般的程度的智慧和聰明。因不能形成『陽梁昌祿』格，故文昌無用。在考試、升官運上並不強，亦可能勉強上榜，成績不太好。在進財方面，只是一般薪水族的財。在感情方面，倒是規規矩矩、按部就班的進行，沒有特別的意外之情。在婚姻方面也是平常，還算和諧的感情，無特別之處。算是尚可的好運程。

天府、文曲在卯宮的運程：因文曲居旺，故此運中，人很溫和、穩重、口才好、才藝多、才華還不錯。也會因此在進財方面多得一些。其人稍為因口才關係，亮麗一點。喜表現、表演。此運對升官有些用，對考試無大用，除非是考才藝的部份。在感情、婚姻方面，桃花多、感情豐富、外緣強、機會多，故易於結婚、談戀愛。也對婚姻有潤滑作用，是個好運運程。

天府、左輔或天府、右弼的運程：此運中，有貴人助財。『天府、左輔運』是男性朋友助財。『天府、右弼運』是女性朋友助財。人走此運是更加小氣、吝嗇的。因為左、右二助星，是專看主星的意思內含而輔助之的。故此運中得財存錢會較多。但在考試運、讀書運會不吉，會重考、重讀。在升官運上有平輩貴人的助力。在感情上不利，有第三者介入。在婚姻運上易有婚外情要注意，也易有私生子。（這要看其人有沒有去做，倘若本命正直不苟的人，便無此煩惱）

天府、擎羊在卯宮的運程：此運是『刑財』格局。擎羊落陷、很凶。此運中會辛苦、賺錢少、常頭痛、四肢無力。錢存不住，有漏財現象。在工作上有不順、爭鬥多，為錢而爭鬥。在考試運、升官運皆不好，可能考不上。在感情運上，多計較、敏感、相剋不合。在婚姻運上，結不成婚或婚姻生活不合諧，配偶賺錢少。在懷孕生子方面，會生到小氣、計較、敏感、愛哭、財少的小孩。

天府、火星或天府、鈴星的運程：這也是『刑財』的運程，因為火、鈴皆居平位。天府也不旺而在得地之位。是故是財少又被刑剋的狀態。此運中是個急躁、做事魯莽而進財少和耗財多，而沒有餘存。而且漏財、耗財的狀況是一下子很快的就發生的。例如發生意外事件而花了一大筆錢，而致使你沒錢了，很拮据了。此運並有車禍傷災、火災、血光等災禍要小心。此運在考試、升官運上，倘若能平心靜氣、得失心不太重，反而能剋制火、鈴的惡質，可能會成功考上。若依然急躁、衝動，則會失敗。在感情、婚姻方面也會因急躁、衝動而不和。

天府、地劫或天府、天空的運程：這是『財空』和『劫財』的運格。表示財庫被劫了，或原本財庫就空了。此運中，錢財無法留存。賺錢以薪水階級為好。有吃飯、衣食之財，沒有積蓄。做生意無法賺到錢，會有虧空、欠債。在考試和升官運上，會自以為很不錯，看不清事實，所努力的方向不對而落空。書讀了很多，但考不上。或事做了很多，升不了官。在感情、婚姻方面，對感情的事不太有興趣，太保守，又小氣，只顧自己，而放棄感情。

辰宮

太陰在辰宮的大運：這是太陰陷落的大運運程。這也是財星陷落的運程，故財不多，會窮困。同時在情緒上多起伏、心情不好、心悶，有精神衰弱的狀況，常生病、類如感冒、咳嗽的小病。身體不佳。此運中也會敏感力不佳、察言觀色的能力不好，但自己又有時敏感、愛生氣。在考試運、升官運、財運方面全不順。在工作運上也不順，和女性不合，有是非糾紛。此運中也有腎虧陰虛方面的困擾。在感情運、婚姻運上也不順。在生子、受孕上也不順。也極易生到財祿不多、又愛哭、身體不佳、常跑醫院的小孩。

太陰、文昌同宮：此運中，文昌居得地合格之位。表示在此運中你是財不多，有點窮困，但外表文質、喜好文藝方面的興趣，有辦事的能力，尚且精明幹練的、精於計算的，但沒有太多的財給你算。故此運中你可能會寫一些文章或做文職來賺錢，但財祿不多。在此運中，如果申、子、辰、戌等宮有祿存或化祿進入，你就會有『陽梁昌祿』格，可努力讀書，有高學歷而有好薪水來過活。因此這是個增加學識、技術，必須先付出的運程。在此運中你的學習能力還不錯。在考試、升官方面，此運並不強，因財星陷落的關係。在感情運上、婚姻運上，你會剛直、桃花不強、婚姻尚可平順。未婚者，想結婚找對象的運氣並不好，亦可能找到外表還溫和、柔美、有氣質，但財少、對自己助也也少的人。在生子、懷孕方面亦不太能成功。或會生到溫和、柔美、氣質不錯，但財少、愛哭、身體不佳，常跑醫院的小孩。

太陰、文曲同宮：此運中，文曲也居得地合格之位。表示你在此運中財窮，但口才好、有才藝，可用口才、才藝來賺錢，但仍是不多，僅夠糊口的。在此運中你不見得喜歡與人交際，因為感覺有些自卑、內斂和外界的女性不和，但和男性仍可做交流。不過你所做的事大都和財無關。在考試運上、升官運上，若是考才藝、口才方面，主考官、上司官為男性，可能還有機會，但通常是機會渺茫的。在感情方面，若是女性，則有異性緣。若是男性，感情不順，花了很多口舌也不行。在婚姻、家庭方面，宜多說好話，彼此體諒、關懷，可度過感情危險期。

太陰、左輔或太陰、右弼運：此運中，左、右兩顆輔星幫助陷落的太陰的是很少的財。夠衣食之祿的財。助力不大，窮困無財、漏財依舊。此運中，其人稍有合作精神，但不大。所得之助力也不大。在考試運上一定考不上，但有人會指點你、再重考。在學業上會重讀。在升官運上也不強，有人幫了倒忙。在感情運上，會東想西想，或有第三者出現，有障礙。在婚姻運上，小心會離婚。在懷孕生子方面，可能要人幫忙，做人工受孕。亦可能生出財少、和父母不親、交由別人帶大的小孩。

太陰、擎羊運：此運中，擎羊是居廟位的，故此運中以擎羊的主導力較大、較強勢。此運中財少、心煩、多憂慮、愛生氣、多災禍、身體不佳有腎虧陰虛的毛病，常感冒生病、體質弱，也有眼目之疾，亦有手足傷災、傷殘的可能。還會有車禍、血光的問題、開刀的問題發生。此運非常辛勞、勞心勞力。且遇到的爭鬥多、競爭激烈。無論是在家中或外面皆有讓你心情很累的感覺，此運不利考試、升官運、財運、感情運、婚姻運，凡事不利。你在此運中多計較、愛嚕嗦、心裡不平靜、敏感、受氣、想報復人，但弄得更糟。

你會較自私、頑固、一意孤行、不聽別人意見，造成自困的景況。

太陰、陀羅運：此運中，陀羅亦是居廟的。故此運中受陀羅的影響大。此運中財少、人又笨、常自以為是、對外人和做事的敏感力、敏捷力不足，但對別人的是非、厭惡感很敏感、衝動。愛生氣，常悶在心中，爆發出來時，就扯人後腿、暗中做手腳、給人難看。故此運的人緣不佳、惹人討厭。也會遭人白眼。這是笨又作怪的運程，對自己不利。在考試運上考不上。在升官運上升不了。在感情運上，不順利，會鬧翻、拆夥。在婚姻運上，太固執，沒有溫柔、體貼的胸懷，情緒差，會引起衝突。在結婚運上，會拖延。在生子懷孕方面也拖延、受孕不成。亦可能會生到財少、較笨的小孩。

太陰、火星或太陰、鈴星的運程：在此運中，太陰居陷，火、鈴也是居陷位的。故是『刑財』極凶的格局。原本就財少，又會因為衝動、急躁或突發事件更窮或欠債。此運多傷災、有車禍意外的發生，也可能會殘障。也要小心水、火不留情，傷及生命。

在考試運、升官運上，會因突發事件考不上。在感情運上，會因火爆、急躁使原本脆弱的感情更雪上加霜。也會有突發事件而分手。在婚姻運上，會彼此不合、缺少溫柔關懷，而有火爆的場面出現。在生子懷孕方面，會因急躁，和原本的身體虛弱、不能受孕，須要多調養，另找吉運再懷孕。用人工受孕也不成功。

太陰、地劫或太陰、天空的運程：此運不佳，是劫財、財空的運程。本來就窮困，還一清二白。因此非常困窘。在此運中的人，頭腦不清，根本看不出真相，又沒有做事的方法，只會瞎忙而無結果。此運做任何事皆不成功。宜靜守、度過此運。因此有工作者不能換工作，更不能投資做生意，以防財真的全漏光了。此運在感情上也是真空期，無法有發展。在婚姻運上要小心婚姻關係成空或結束。

太陰化權在辰宮的運程：此運中因太陰居陷，故化權也是居陷不強的。此運中，人很想掌控主財的權力，但財少、困窘、掌控不到，或愈管愈少，令人抱怨。此運中，對女性的主控力是想控制又控制不到的。因此此運是頑固的成份居多。敏感、柔性訴求、財的成份都少的情形。此運中與女人不和更嚴重，但又受其管束或想管別人，內心不痛快。在得財方面是受到限制、障礙的，財也不多的。在工作上，與你不和的是女性主管人員。在考試、升官上、能力不行，還要做，結果不理想。在感情方面，不順利、受控制、不合。在婚姻上，夫妻會因為錢的問題而爭吵，也會因女性愛多管而不愉快。在生子、受孕上，過程不順利，但仍可懷孕。但亦可能生出財少、性格頑固，與父母不合的小孩。

太陰化祿在辰宮的運格：這是丁年生的人會遇到的運程。此運程中因太陰居陷，故化祿不強，有衣食之祿而已，財還是很少的。此運中，你比一般太陰在辰宮的人稍具圓滑和人緣。你會有薪水的財可供生活之需，過小康的生活，留存不多，但你會想買房子，錢仍不夠。

此運中，考試運會因為你選擇不太強勢的學校，也可能考得上。在升官運上，你即使升得了官，財祿也不會增加很多。在工作運上，稍有成績、人緣略好。在戀愛運上，只有普通朋友的感情。在婚姻運上，平靜、尚稱順暢。在生子、懷孕方面，可懷孕成功。但所生之子只是一般命格，財並不很多的人。

太陰化科在辰宮的運程：這是癸年生的人會遇到的運程。表示你在此運中財少，但會理財。外表仍整齊、端莊，不會邋遢。在做事方面，也還有能力可應付。此運中，在考試方面，讀了些書，但不一定考得上。在升官方面，也不見得有好運。在感情方面，不順利，但有辦法調適。在婚姻運方面，感情理智、用情少、勉強過得去。在生子、懷孕方面，要借助科技方法，或向人請教，但不一定會成功。

太陰化忌在辰宮的運程：這是乙年和庚年生的人會遇到的運程。表示錢財不順、財窮之外，還有是非、糾紛，麻煩和災禍發生。而且和女性不合，有爭鬥的狀況。乙年生的人此運中尚有擎羊同宮，表示財更不順，是非爭鬥更嚴重，而且有傷災、傷殘的事情發生。要小心車禍、眼目不佳、有病、要開刀的情形。也會在腎臟、生殖器官有病症、懷孕不易。

太陰化忌是人思想、心態上有自困、不願讓人瞭解，而造成讓別人誤解的情況。一方面是其人太保守，敏感力太差，但又會胡思亂想、猜忌心重，而造成是非糾紛。故此運最不利感情和婚姻運，會多遭困難。在考試運、升官運上也不順，會因想法偏差，或引起是非，而遭失敗。在生子、懷孕方面也不易成功。或勉強生出小孩，都是與自己不合，與自己作對的小孩。還可能是女孩或身體有毛病的小孩、財窮的小孩子。

巳宮

在巳宮的大運是廉貪運：此運中，廉貞、貪狼都是居陷位的，因此這是極差的大運。此運中在人緣機會方面跌到了谷底。廉貞是桃花星，居陷時沒有好桃花。貪狼是好運星，居陷時沒有運氣。是故在此運中處處惹人討厭、不受尊重。在財運方面、因財運靠人緣機會才能獲得，無人緣機會，故財運不佳。工作會受阻、遭人辭退失業。根本無考試運、升官運。在感情運、婚姻運上也易觸礁。做生意的人容易倒閉。並且借貸無門。

廉貪、文昌的運程：此運中，文昌雖居廟，但文昌遇貪狼為政事顛倒、糊塗之象。故人走此運，雖外表還不錯，但頭腦糊塗常做錯事、說錯話，故仍惹人厭的。並且文昌在巳宮亦無法形成『陽梁昌祿格』，故考試運、升官運仍不佳。不過在此運中，其人倒是在錢財利益上很精明，但是仍財運不佳，有衣食之祿已不錯了，根本賺不到大錢，事業也雖有發展。在此運中其人愛計較、算術很好，精於計算，但更讓人討厭。所以靜下心來修身養性較好，以度過此運。

廉貪、文曲的運程：此運中文曲也是居廟位的。文曲和貪狼也形成政事顛倒、糊塗的問題。但人走此運、口才銳利、很潑辣，桃花是邪淫桃花。此運多招惹桃花糾紛，與人同居、行為不端、分分合合、所賺之錢財也與邪淫桃花有關。因此多緋聞之事。此運不適合考試、升官。愛情運、婚姻運也不吉。會因糊塗、誤上賊船。

廉貪、左輔運或廉貪、右弼運：在此運中左、右二助星幫助廉貪的是邪佞的行為和邪淫的生活。『廉貪、左輔運』是表示有男性朋友是你的狐群狗黨，一起幫助你做惡事，也幫助你更不順，或幫你一起過醉生夢死的生活。『廉貪、右弼運』是表示有女性朋友幫助你一起過邪淫、靡爛、窮困、潦倒的生活。左、右二星是助善也助惡的，和吉星同宮則助善，和凶星同宮則助惡。故此運考試、升官會失敗。在感情運、婚姻運方面，更不佳，有行為放蕩、淫亂的朋友和你一起為非作歹。

廉貪、陀羅運：此運是『風流彩杖』格。表示頭腦笨，只貪色慾、不計後果，因此會爆發緋聞，影響聲譽。此運中人很惡質，會貪便宜，行邪佞之事，定有不名譽之事會被公開，而影響前程。此運中不利工作、不利考試、升官。也不利感情、婚姻，會有邪淫事件的糾紛，在財運上也要受到影響，破財、耗財，因邪淫事件而要付出代價的。因此在此運中，一定要避免此事，以防影響整個的人生。

廉貪、火星或廉貪、鈴星的運程：在此運中，會有『火貪格』或『鈴貪格』，能有暴發運。但此運於軍警武職最好。能有升級、發橫財之經歷。女子爆發此運，雖也能出名或得財，但多少會與邪淫之事或犧牲色相有關，需小心。此運若用在考試運、升官運，必須算出流年、流月、流日出來才行。否則也不見得有用。在感情運和婚姻運上不吉。除非是釣金龜婿或找富家女做靠山，把婚姻愛情和暴發財運結合在一起。其結果仍是不利感情。

廉貪、地劫、天空同宮的運程：此運中，四星同宮。本來已不好的運氣再遇劫空，更是一無所有了。因此錢財無望、運氣更差，什麼都做不成，也不想做。此運可能無工作，也沒有錢，生活窮困，人見人厭。此運也沒有考試運、升官運、婚姻運。萬事不吉，一切成空。倘若出家做和尚，倒是一個好去處。可修身養性以等待下一個大運來臨。

廉貞化祿、貪狼運：這是甲年生的人所會走的運程。廉貞居陷、化祿也不強。此運仍然低靡、運氣很壞，但有精神上的滿足和興趣。人走此運也可能好色，對男女關係有興趣。走此運，會外緣關係略好一點，有異性緣。但仍不利考試、升官、工作、婚姻。

廉貞化忌、貪狼、祿存運：此運是丙年生的人會走的運程。表示經濟生活稍平順，但有官非。人走此運時，會稍為保守一點，但十分小氣、人緣不好。頭腦也不太聰明，有特殊頑固和扭怩的想法，易遭是非災禍。此運身體也不好，有血液方面的問題、身體弱，或要開刀。此運不利考試、升官、工作、婚姻、感情等運程。

廉貞、貪狼化權、陀羅同宮：此運是己年生的人所走的運程。因貪狼居陷，故化權也居陷不強。此運也是廉貪陀『風流彩杖』格加化權格局。是故是稍強勢的邪淫格局，會強勢做出邪淫貪色慾的事情，會有強暴事件發生，而導致名譽受損，身敗名裂。此運因頑固和笨、處理方法又拙劣，問題很嚴重。應小心度過此年。

廉貞、貪狼化祿、祿存運：此運是戊年生的人會走的運程。運程中有雙祿看似很好。但這些『祿』的層次很低，只是有衣食之祿而已。因為廉貪俱陷落的關係。此運中人會人緣好一點，不那麼令人討厭了。而且生活稍富裕有小康之家的生活，但沒有大富的機會。其人也會較聰明一點，只要沒有地劫、天空同宮或相照使祿沖破，工作運就會依然有，財祿也會有，考試運要看機會，升官運亦是要看機會，要看一起競爭的人是層次高或低的，才能定是否成功。感情運、婚姻運也稍好，但會找到品行不佳，但稍有財富的人。

廉貞、貪狼化忌運：此運是癸年生的人會遇到的運程。此運中人緣不好，又有是非災禍。在工作上，賺錢上根本沒機會。逢此運，人也頭腦不清，又和別人不和，多糾紛，亦會遭人欺負，運氣不好。此運萬事不吉。主要是沒有機會。

午宮

在午宮的運程是巨門運：此運巨門是居旺的。故此運中人會口才伶俐，但多是非災禍，競爭、鬥爭也很多。但可用口才去說服來化解。此運中也多口福，喜歡美食，喜歡說話不停。但事事挑剔、注意細節問題。不怕引起是非。有時更故意製造糾紛以得利。這是個可混水漠魚的運程。此運中的人也常指責別人，推諉別人，突顯自己來到名聲好處。故這也是個不怕麻煩，有激進精神的運程，適合選舉。也適合靠口才吃飯、做教師、推銷工作，都大為有利。走此運時，因巨門居旺，故吵架都會贏，而且鬥志高昂，擅於競爭。此時周圍大環境是個多變的環境，但運氣是旺盛時，也是往好的、對自己有利的方向變化的。故你可把握機會，再運用一些口才之利而往上衝，登上高峰。此運在考試、升官運上會遇到競爭，只要你有實力就會贏得勝利。在感情運、婚姻運、家庭運方面多是非口舌、麻煩，但用口才、甜言蜜語可擺平。在生子受孕方面則不利，要多做努力才會成功。

巨門、文昌同宮：此運中，因文昌居陷，故在此運中，人是話多咶噪、形象粗魯的，而且是非多。人也不精明、計算能力差、也不會理財，因此會進財少。倘若在命盤中的寅、午、戌、申等宮再有祿星（化祿和祿存）進入，則有『陽梁昌祿』格，仍是可讀至高學歷。做武職的人，逢到在午宮的大運，經過激烈競爭也可升官。做文職，此運不吉。感情運、家庭運、婚姻運在此運中皆不算好。

巨門、文曲同宮：此運中文曲也是居陷的，故在此運中愛說話，但話語多得罪人，因無才藝，無內容，令人討厭之故。此運中多是非、多不良的競爭，也多災禍。此運中臉上會生出斑點、斑紋、痣出來，是非更多。此運在選舉上也會有受到攻擊，有災有難。在考試、升官運上不吉。在感情運、婚姻運上都不吉。進財也會少，不利財運。

巨門、左輔或巨門、右弼運：此運中，左、右二星是幫助巨門在口舌是非方面更多，也幫助巨門在口才上更好，還增加了巨門的競爭、爭鬥的機會更多。因此這二顆輔星對於巨門是有利也有弊的。而『巨門、左輔』運是男性朋友在幫助你具有口才和競爭力。『巨門、右弼運』是女性朋友在幫助你具有更好的口才和競爭力。不管怎樣，你會發現環境中是瞬息變化的，而爭鬥更凶的，於是你不得不靠朋友的力量來共同打拚。多少他們是有助力的。此運適合選舉競選。也適合爭鬥、升官。在考試運上並不靈，會有是非問題出現而不順利，會重考。在感情運、婚姻運上都不順，會有第三者的是非出現。

巨門、擎羊同宮：此運中擎羊是居陷的，因此是非災禍頻仍。而且是競爭激烈、爭鬥極凶悍的。此運也容易有傷災，而且令你頭痛、四肢受傷、有血光。也會因爭鬥有血光、非常嚴重。此運選舉會非常辛苦，得勝率不定。考試、升官運也不吉，多是非刑剋。愛情運、婚姻運全不吉，有感情多是非、受創傷的情形，會失戀。

巨門、火星或巨門、鈴星同宮：此運中火、鈴是居廟的。此運中競爭和爭鬥凶悍、火爆、口舌是非多、災禍也多。如再有擎羊同宮或在對宮相照，會一時氣憤而自殺，以上吊、自縊的方式為多，也會引爆火災而自殺。此運中人的脾氣急躁火爆、喜歡不講理，故意製造是非，和人過不去。因此走此運的人是自己頭腦不清、自找麻煩、運氣不好、思想偏激而找別人麻煩，再讓自己遭災的。此運不利考試、升官、工作運。也不利感情、婚姻運。

巨門、地劫或巨門、天空同宮的運程：此運中其人會說一些無沒有意義的話語。也可能會口才差一點，而讓口舌是非少一點。看起來似乎還不錯，但凡事都劫空了，故錢財少賺，也留存不住，財也空了。在考試運、升官運、感情運方面也都會劫空，因此沒有這些好運了。工作運方面做公職、薪水族可平順。婚姻運方面，會有彼此挑剔、冷淡的狀況發生。

巨門化權運：此運是癸年生的人會遇到的運程。此運巨門是居旺的，故化權也居旺，非常強勢。有強力的說服力、煽動力，適合選舉造勢，可掌握群眾情緒、說服成功。在做生意方面，也會口才特佳，掌控對方而進財。在考試運和升官運上，有口試的機會最好了，一定會成功上榜的。此運也適合製造是非，而掌控得利。在競爭、爭鬥上是有絕對掌握主控權的。在感情運和婚姻運上會因太霸道、太頑固、口才太好、太厲害，讓對方受不了，而想分手。在生子懷孕方面，會經由多次努力才成功。

巨門化祿運：此運是辛年生的人會遇到的。此運中巨門居旺，故化祿也居旺。此運是口才甚佳、圓滑，專說好聽的話，以口才來製造人緣，故人緣好、有說服力。此運中能以甜言蜜語化解是非。也可以口才賺到很多錢。所以運氣還很好。在考試運和升官運上最好有口試的機會，可掌握致勝。在婚姻運、愛情運、家庭運中，可利用此運，增加溝通、相互瞭解，更濃情蜜意。

巨門化忌、祿存運：此運是丁年生的人會遇到的。此運中是非口舌、災禍多、競爭、爭鬥多激烈、相鬥很凶。此運並有羊、陀相夾，是為『羊陀夾忌』，小心有性命之憂。此運中雖有祿，但財並不多，只有小康環境之衣食之祿，是薪水階級所賺之財。故財也不多。此運中，人會保守，說話易遭災，就不敢說話了。此運也是『祿逢沖破』，故錢財不易留存，有漏失、耗財的問題。此運考試、升官皆不順利。在感情運、婚姻運也不順利。

未宮

在未宮的運程是天相運：此運中，天相是居得地之位。天相是勤勞的福星，會理財、溫和、脾氣好，故此運中大致是順利的。你也喜歡做和事佬，幫大家做事、服務。此運工作順利、做事認真，可享太平日子。在考試、升官、婚姻、愛情方面都很順利。此運中好衣食享受，做事按部就班、慢性子，可享福。

天相、文昌、文曲同宮：此運中，文昌居平、文曲居旺，故此運中，人更愛享福，而且桃花強，喜男女情色之事，正事不大做。男子走此運可有吃軟飯、好賭、有人養的時運。女子走此運亦能安樂享福，有人侍候。此運不在『陽梁昌祿』格上，故不會上進，求發展，只是安享的運程。此運中，人的口才好，稍有才藝，但並不精明、性格溫和，喜歡吃穿等遐意生活，沒有競爭力。故此運利於愛情運、婚姻運。不利工作運。不過錢財倒是順利，又不需多花勞力的。

天相、左輔、右弼同宮運：此運中，左、右二輔星幫助天相的是享福的助力、理財和做事的助力，但不會替天相生多少財。此運中你會有許多貴人，包括男的、女的朋友都來幫你忙做事，使你享福，因此你過得很愉快，可偷懶清閒一下。你也可在此運中利用人際關係好好發揮一下，做主管，掌權力。天相也是『印星』，主權力，可管事。有左、右手如虎添翼，有利升官運。但考試運和愛情運、婚姻運皆不太吉。考試會重考。愛情、婚姻逢此運會有第三者出現亦不吉。也會有婚外情的情形發生，也會有離婚的狀況發生。

天相、擎羊運：此運是『刑印』的格局，表示其人會懦弱怕事也無法掌握權力，常有無法領導別人，做主管管不住部屬之苦。也會遭部屬或家人欺負、遭騙。在『刑運』運程中受氣的狀況更嚴重。因此，人在此運中常一時衝動而殺人，犯下錯誤而入獄。同時這也是『刑福』的格局，此運中很操勞，有傷災，會破相，這是勞心勞力的運程。不利考試、升官、愛情運、家庭運等。其人內心也愛計較、刻薄、嫉妒、自私而心情不好，有自刑現象。在感情上是不順利的，桃花變色。

天相、陀羅運：此運也是『刑印』、『刑福』的格局，但沒有『天相、擎羊』運嚴重。依然臉上會破相，有牙齒、骨骼的傷害。此運比較笨拙，做事緩慢。腦筋笨，因此掌不到權，也不想掌權。故無法做主管，不利升官運，也不利考試運。其人內心常有自困於心的心事糾纏，不會向別人訴說，只放在心理自苦。故也不利愛情運和婚姻運。

天相、火星或天相、鈴星運：此運中火、鈴居平，這也是『刑福』的格局。逢此運的人，多病痛、有傷災，亦可能有傷殘現象。也可能是帶疾延年的人。此運中福星被刑剋了，故生活辛苦，其人會因脾氣暴躁，性急而常出錯。也會財運不順，進不了財。在考試、升官運上也不順利。在愛情、婚姻運上會出錯，或因病或傷殘而婚姻或愛情不順，有離異現象。

天相、地劫或天相、天空同宮：這是『劫福』和『福空』的格式。表示此運中會窮困、不富裕，無福可享。只有一個地劫和一個天空和天相同宮時，會劫空的力道還不特強，這只會讓你的思想常超乎現實，不實際，不重錢財，所以你不會向錢財的方向積極賺取，因而不富裕。在考試、升官方面，你也達不到效果，拿不到成功的機會。在感情方面你會自動放棄。在婚姻方面你會順其自然，毫不努力。這是個操勞又全無收獲的運程。

申宮

在申宮的運程是同梁運。此運中，天同是居旺的，天梁是居陷的。表示此運中你是溫和、懶惰，不想競爭，有點愛玩，又缺乏貴人相助的運程。而且你不喜別人管，也不想別人來幫助你。你只想自得其樂的過日，另一方面你有童稚之心，天真、單純，想法簡單，也不想多花腦筋，更沒有積極努力打拚的衝勁。所以這是個在工作、上進方面提不起勁來的運程。既然如此，就不適合亂投資，以防有窮困的困境。同梁不主財，故財少。運中所賺的錢是薪水階級的錢財，沒法賺大錢。而且喜歡休閒活動、工作日少。在寅、午、戌、申、辰等宮有文昌、祿星進入的人，有『陽梁昌祿』格，是折射的。可有增加知識或學識的機會，人也較聰明。學歷高，薪水也會高，財運稍好一些。

一般來說此運在考試運、升官運上不強，機會少。但有『陽梁昌祿』格的人仍會考上。在感情運、婚姻運上算是好運，因有時間來經營感情。此運在心態上也會對感情、婚姻較依賴。

同梁、文昌同宮：此運中、文昌是居得地之位。因此此運正是折射的『陽梁昌祿』上的一環。可努力學習，參加考試，亦能擁有高學歷，也有升官運。故此運可好好利用。

在此運中，人會比較聰明，精於計算，頭腦的智慧較高，喜歡美麗、文質的事物。但有時也會偏向享樂或喜好美麗事物上的採購方面。這個運程比一般的同梁運積極力稍強一點，但仍是打拚能力不太夠的，常有做一半便懶下來，又看到另一莊有興趣的事，又朝那個方向去了。此運貴人運是完全沒有的，故也不喜別人管，思想頑固，自已有一套想法，別人很難插手管他。此運利於愛情運、婚姻運，感情是溫和、明朗，有智慧的。但是並不會照顧別人，也無法有受到情人配偶良好照顧的機會，可能會聚少離多，東奔西走。

是忙碌又有些慵懶的運程。

同梁、文曲同宮：此運中文曲是居得地之位。故此運中是口才好，愛說話聊天而慵懶的運程。做事並沒有衝動力。貴人少，但有臨時貴人，突然遇到的人對你好，就對你有利，但時間很短，必須即時把握。此運中考試、升官並不強，但偶而有好運碰上了，也可考中。在工作運上是薪水階級的運程。在感情運、家庭運上能順暢，溝通很好。但無法受到妥貼的照顧，也不會照顧人。

同梁、左輔或同梁、右弼的運程：此運中，左、右二星幫助同梁的是快樂的玩耍機會多。幫助它享福。是故此運中，玩樂、享福、偷懶的機會增加，做正事的時間少了。在錢財方面，仍是以薪水賺取的方式得財。在考試、升官方面不太順利，會重考。在感情、婚姻方面要小心有第三者介入，或有婚外情或會離婚。

同梁、陀羅同宮：此運中陀羅是居陷的。表示你是走在又懶又笨的運程上。自己常有煩惱是非在心中，轉不出來。而你的衝勁不足，做事提不起勁，還時常找藉口推諉、搪塞。因此常有是非，遭埋怨。此運中你的性子慢，做事拖拖拉拉，怕負責任。想玩又玩不到，運氣不太好。但你是溫和的，自以為別人不瞭解，也不願向人訴說。此運中考試、升官會不行。感情運、婚姻運上也有不順，有被人嫌、被退婚或延遲的機象。

同梁、祿存運：此運中有祿、有財，但這是薪水階級的財，不是大財。可有衣食之祿，生活遐意。可輕鬆過日子。但你仍是行動力不強，有些保守又懶惰的。你只做好份內的事，拿一份死薪水，絕不多做。在考試運上、升官運上，除非參與的人少，競爭的人少，會考上之外，否則是機會不大的。此運在感情運上因不積極，又小氣吝嗇，不會遇到太好的感情。平淡、似有若無的感情你也可維持得很好。

同梁、火星或同梁、鈴星的運程：此運中有懶惰、邪佞的想法。人是外表溫和，內心急躁的人。這是『福星被刑』的格式，故其人在此運可能不行正道，會賺非法的錢財。也會和黑道人士有些來往，多少做一些不合常規的、不正義的事情。此運很操勞奔波，但錢財也不順，來得快、去得快，無法留存，也容易沒有固定職業。在考試、升官運上會用不法的方法進行，但不見得會考上，功虧一潰。在感情、婚姻方面，懶惰、性急、不耐煩，因此沒有好結果。

同梁、地劫或同梁、天空運：在此運中，對宮也同樣會出現另一個天空或地劫星，兩相對照，因此福運全被劫空了。故此運中的人會東奔西跑的忙碌，而一事無成。錢財也空空，生活境況也不好。其人也會頭腦空空，不實際，專做些耗財的事。有工作還好，只怕會辭去工作而想打拚另一件事，結果兩頭落空，運更不順，財也耗盡。此運中萬事皆休，沒有考試運、升官運，甚至愛情運、婚姻運皆不順。

天同化權、天梁運：此運是丁年生的人會遇到的。表示享福的力量很強，而且有自然天成，自然可得到的享福力量。因此在各方面都會有別人願意給他好處的機會。在考試運、升官運上，一定會考中。在工作運上，不必爭取，上司或公司就會給他權力、地位。在婚姻運、愛情運上也自然發展，而且另一方會對你好，使你不必多花力氣追求就自然享受到愛情、婚姻的快樂。情人、配偶和你的年紀差距大。

天同化祿、天梁運：此運是人緣好，自然享福、享財祿的運氣。這是丙年生的人所會遇到的運氣。此運的財祿仍是薪水族的財祿。而此運中也特別喜歡玩樂、享受。也會天真、單純、討人喜歡。別人因喜歡他而給他好處或財祿。在考試運、升官運上有利，但仍需努力才會考上。在愛情、婚姻運上利多，有時間去經營。而且情人、配偶會養你，給你錢花用。

天同化科、天梁、祿存運：此運是外表溫和有氣質，是具有享福的方法和手段的運程。忙的是玩樂之事，但以此過生活。在賺錢、工作上並不積極，賺的是自己的衣食之祿。在考試運、升官運上努力也不夠，只是等待機會，有好運時可考上。在愛情運、婚姻運上，因保守、小氣，除非遇到相同吝嗇之人，否則他也不會付出感情。

天同、天梁化權運：此運中，天梁星居陷的，故化權也是居陷。因此天梁化權為無用，不強。在此運中，其人會溫和而特別頑固，懶惰還意見多，要主導事物，又做不好。忙碌奔波又自私自利，因此也常一事無成。此運中，人緣不太好，在考試運、升官運上的沒把握。在婚姻運、愛情運上也沒進展。

天同、天梁化祿運：此運中，天梁居陷，故天梁化祿也居陷，完全是靠天同居旺的福力來支撐的。此運中，人愛享福，也愛多管閒事，人緣較好一點，但自家事不愛管。財的部份並不多，是薪水階段的財。天梁化祿是包袱，故此運中其人一定多管閒事，而自背包袱。也可能有意外之財，而帶來包袱、損失。在考試、升官上力道不強。除非有文昌同宮。在婚姻、愛情運止，會多情或有會錯意的愛情出現。也可能有婚外情，情人和自己的年紀差距大的狀況。這是忘年之愛的產生。

天同、天梁化科運：此運中，天梁居陷帶化科不強。故此運仍是忙碌，又慵懶的運程，沒有貴人，貴人還十分講究氣質的在旁觀望而不幫助。此運中除非有文昌、祿星在對宮或同宮出現才會有考試運、升官運。在婚姻運，愛情運方面，是安享、平順的。

酉宮

在酉宮的大運是武殺運：在此運中武曲居平，七殺居旺。這是『因財被劫』的格式。故此運中賺錢辛苦又少，生活不富裕，心情剛硬、凶暴、很衝。很愛辛苦打拚，但沒有成果。此運做武職較順利一點，可不計利益打拚，等待日後的收獲。做文職不吉，打拚也無用，仍是財窮、困難的。在考試、升官方面不吉，辛苦而考不上。在感情、婚姻方面，因太剛硬、頭腦不聰明，一板一眼，性情凶暴、太急，而不利感情，或根本找不到好對象。此運有刀災、傷災、車禍血光等事，易開刀，或身體不好。要注意健康問題。

武殺、文昌同宮：此運中文昌是居廟的，因此有氣質。故此運中你會在文化工作上打拚，也可能在有文化氣息的工作環境工作。但賺錢少，很辛苦勞碌。此運中你的頭腦還很精明，有計算、理財能力，外表也有氣質。但是財運仍不好，賺錢少。不過你的個性會更剛直，適合做正義的事，會打抱不平，但對自己不利。在考試運、升官運上並不吉。在婚姻運、愛情運上因少桃花，故異性緣不佳。此運也不吉。

武殺、文曲運：此運中，文曲是居廟的。因此有口才，稍具才藝，但生活勞碌、辛苦，得財仍不多。可用口才來打拚賺錢而已。在考試運、升官運上，以武職有機會。文職仍不佳，考不上。在婚姻運、愛情運上多利用口才，辛苦的追求、經營才可。

武殺、左輔或武殺、右弼運：在此運中，左輔、右弼幫助『武殺』的是『因財被劫』，故不是好運。此運中人會更勞碌、更財少、更凶暴、脾氣更壞。因武曲居平，又被劫財，本來就財少，左、右二輔星能幫忙助財的部份也就少了。只增加了凶悍的部份。是故在財運上無幫助，依然窮困、勞碌更甚。在考試、升官運上根本無好運。在愛情運、婚姻運上愈幫愈忙，情緒直接爆發出來，傷害彼此感情，要小心家庭暴力的產生。人走此運時，某些本命差的人更會裝精神病患者來嚇唬人。

武殺、擎羊運：此運是惡運。會有傷災、血光與爭鬥事件，雙方受害。此運中你是笨又多心機的人，性格衝動、財窮。會因錢財問題與人拚命，持刀槍將人殺害或被殺。故走此運極凶。在錢財方面，是『因財被劫』了又還有刑剋（擎羊是刑星），是窮困還有爭鬥之事的。因此要小心防範，千萬忍一時之氣。此運會傷害性命，受重傷、開刀，有刀槍的傷害。在考試、升官方面皆不吉，考不上。在感情方面，會因嫉妒報復而釀成災難，殺人或被殺。能平安分手、離婚還算是好事了。這些都是人命中財窮，又逢窮運，頭腦不清，固執、衝動、嫉妒所形成的傷人和自殘行為。

武殺、祿存同宮：此運中因武殺為『因財被劫』，故祿存同宮的格局也不大，是辛苦勞碌，有衣食溫飽的財。做武職的人會財多一點，有積蓄。做文職的人，財少，稍有餘存也會花掉。實際上這是『祿逢沖破』的格局，財是不會太大和多的了。但有文、武職之分。此運在任何事物上的運氣都是辛苦的、勞碌的、艱辛的，好運氣只有一點點，而且是孤獨、保守、頑固的小氣吝嗇的。是故考試運、升官運並不一定有。愛情運、婚姻運也並不合諧。除非別人能忍耐你的頑固、小氣、或是已結婚了，沒辦法。否則在戀愛階段、談論婚嫁階段，仍是不吉的運程。

武殺、火星或武殺、鈴星的運程：此運中爭鬥是非多，意外事故也多。這是個僅次於『武殺、擎羊運』的惡運。也會有火拚，遭槍殺或自己粗暴去殺人拚命的運程。在此運中，車禍、交通意外事故死亡的案例也很多。命中財少、財窮的人會與人拚命。命中財多的人會遭逢意外事故傷害性命。在考試運、升官運。愛情運、婚姻運方面皆不吉，沒有好運氣，會因急躁、粗魯、馬虎而壞事。

武殺、地劫或武殺、天空同宮：此運中，本來就是『因財被劫』了，又再遇劫、空。因此就不剩一點了。此運財窮，凡事成空。其人會小氣吝嗇，頭腦不清，什麼也掌握不了。思想不實際，也會懦弱不堪，倒是失去凶悍意味了。這是好的地方。但所有的運氣都沒了。也不會有考試運，事業運、升官運和愛情運了。

武曲化權、七殺、擎羊運：這是庚年生的人會走的運程。人逢此運會戰鬥力強，愛鬥爭，喜歡主掌政治或管錢。但總是管不好，於是強悍的壓制別人，終遭眾叛親離的局面。此運中人很陰險、愛耍弄計謀，但並不真正有謀略。多半是用強制的行為，凶悍的暴力行為來制裁、鬥爭別人。在賺錢得財方面的仍是無法多得的，而且會遭受報復的。在工作上辛苦、多管、固執，有打拚能力，但無法服眾。在考試、升官上競爭多，且險惡，份外辛苦不吉，在感情上，有暴力控制傾向，須小心防範家庭暴力。在家庭方面，亦要小心，逢此運的人會殺害、傷害家人。

武曲化祿、七殺運：這是己年生的人會遇到的運程。表示你辛苦打拚，還有一點財祿可進。在此運中做武職（軍警業）及政治圈的人最吉，可多得一點錢財，生活平順。做文職的人雖可多得一點錢財，但仍是辛苦，只夠吃飯，沒有餘存。人逢此運，人緣會稍好一點。凶暴、剛直的脾氣會好多了。勞祿也不那麼嚴重了，機會也增多了一點。人的聰明度也會增加。但在考試、升官方面，做武職、考軍校的人逢此運有利。做文職、考普通文科的人，仍是不太有機會的。在感情、婚姻運方面，條件不要太高、太苛刻，仍會平順，找得到對象變愛而結婚。你的思想會稍為圓融一點，也會估量自己的條件，來定位對方對自己感情付出的滿意度。

武曲化科、七殺運：此運化科不強，故此運仍是『因財被劫』。頭腦頑固，但有一些做事方法和能力。財運不好，外表倒是略為斯文、粗中有細的。在考試運、升官運上不強，不必太侈望。在感情運、婚姻運上，保持適當的距離，可平順。

武曲化忌、七殺運：此運是壬年生的人會遇到的運程。此運中錢財更不順，更窮，且多錢財上的是非災禍。會拿不到薪資，被欠債，或欠別人債，遭討債而殺傷、殺死。因此此運大不吉。此運中，其人的頭腦也不清，也算不清錢財，也不明是非，常反覆無常，心情很悶，愛發脾氣，保守，自閉，或是一時想不開與人同歸於盡。此運萬事不吉，更要小心傷災、血光。也有開刀之虞，且會發生醫療糾紛。

戌宮

在戌宮的運程是太陽陷落運。此運是心情悶，運氣不佳的運程。凡事喜歡躲在人後，不能上檯面上發展。也與男性不和，多是非。更會在男性社會團體中沒有競爭力。在工作上受壓制，尤其是男性主管或同事的壓制。在錢財方面也不順。做薪水族可平順。在考試、升官方面，有文昌、祿存出現在寅、辰、午、申等宮的人有『陽梁昌祿』格，多努力可考上，但不利升官運。在感情方面較內斂、自閉，不開朗。但仍博愛、寬宏、壓抑的。有人對你好，你會接受，因行動力不足，故不會主動追求。此運適合做公職、薪水階級。

太陽、文昌同宮：此運中，文昌、太陽皆居陷，故是個傻呵呵、不聰明、外表穿著邋遢，不重視衣著，計算能力不好，沒有理財能力，糊塗過日子的運程。在財運上也很差，無法賺到富裕的生活之資。在工作上沒發展，打拚能力也不足。此運若在中年很可能怠惰不工作了、賴活著過日子。可是這是『陽梁昌祿』格中的兩顆主星，若在寅、辰、午、中、戌等宮再有祿星進入，就可形成『陽梁昌祿』格，亦可增加學歷，有考試運了。如果格局中無祿星，則考試運沒有。你仍可利用此年唸書求上進。但走此運的人多半沒抱負也不喜唸書，故損失了此運，只是財窮的獨坐困境而已了。此運的人會粗魯馬虎，也不利感情運、婚姻運。有人來追則隨之。無人來追則孤獨靜守。有一些女子走此運時會隨人做小妾同居。男子也是一樣，會和人有不正常的婚外情。

太陽、文曲運：此運中，文曲居陷，故此運是內向、不開朗、口才不好，較靜，不太說話，心情很悶的運程。此運中升官、考試無望。財運不佳。但會有婚外情或與人同居之現象。此運中，人的才華少，運氣不好，又沒衝勁，也沒競爭力，只是糊塗，好死不如賴活著過日子。

太陽、左輔或太陽、右弼運：此運中，因太陽陷落，故左、右二星的助力無法發揮。只能發揮其溫和、博愛的一面。在工作上幫人收爛攤子、做幕僚，但無法到臺前做大事，獨當一面。在考試、升官運上總是差一點，沒考上。在愛情運方面，有第三者或婚外情出現，愛情不專。

太陽、擎羊運：此運中，擎羊是居廟位的，太陽是居陷位的，故此運中擎羊的力量大。人逢此運會心情惡劣，被刑剋，凡事不順，工作不順、感情不順，有眼睛的毛病、身體不好，頭部、心臟的毛病，四肢無力。多開刀及傷災，最會傷及頭部或眼睛有失明之虞。此運中，在男性的團體中競爭、爭鬥多，而你都是敗不陣來的人，爭不過別人，因此心更鬱卒。此運中你的心是有時計較，有時寬宏，有時敏感，有時卻麻木不仁，感覺力差的，因此你會保守，孤獨、內向，人緣關係不好，又常衝動的得罪人，更使自己運氣更不好了。此運最要注重身體，其他的問題，並不是會一成不變的，時來運轉就會轉好了，另外此運中的人更要小心會自殺，有精神耗弱的現象。

太陽、陀羅運：此運中陀羅也是居廟的。因此此運中的人，會做事魯莽、少用腦子，做事不精細，適合做武職的人，仍有強悍的力量可發展。做文職的人，會懶惰、拖拖拉拉，提不起勁來。此運要小心傷災，會有頭部、牙齒、骨骼的傷災，以及車禍及頭部、腦震盪等問題。此運不利考試、升官，也不利感情，會愚笨，少桃花。

太陽、火星或太陽、鈴星的運程：此運中人會性情沈悶而火爆。會因太急躁，衝動有意外之災。此運也易發生火災或燙傷、燒傷之事。此運所有的事皆會因運氣差，又衝動、急躁而壞事。只要控制壞脾氣，保持冷靜，隨時提醒自己，都可以轉危為安。

太陽、地劫或太陽、天空的運程：此運中，運氣本已低落，再有一個地劫或一個天空同宮，更是劫空，故運氣全無。此運中，人會頭腦空空，價值觀不實際，不重現實，不重錢財，也賺不到錢、取不到財。做事做不長久，凡事都不成功。你也根本不想去做，是一個懶惰又缺乏思想，運氣又空無的運程。

太陽陷落化權的運程：此運中，你很想打拚做一翻事業，但後繼無力，運氣並不好，想使力卻使不上力。內心很煩悶，又頑固，走不出陰霾的陰影。此運適合做別人幕僚，或在檯面下掌權。如做人祕書、顧問，可在背後企劃作業而掌權，亦可得到富貴。千萬不要心存不甘，因為此運就是這種運程，是無法在檯面上掌權威的。此運在考試方面，要預作安排，有人事關係就考得上。在升官方面，也是要由內定的關係可升官。在感情方面，要私下交往，不可招遙，才能成功掌握與對方的感情。要小心頭部、眼睛、腦沖血、高血壓、心臟、中風的毛病。

太陽陷落化祿的運程：此運中，運氣雖不太好，但仍稍有財祿。適合做薪水族、公職的工作而得財。但不適合做生意、投資，仍有風險會耗財。此運中人緣機會稍好，心情也不那麼悶了。在愛情上也會順利得多。在各方面都有轉跡。升官運仍不十分強的，考試運須有文昌在三合、四方宮位相照才會強。

太陽陷落化忌的運程：此運中，運氣不佳，且多是非災禍、錢財也不順。並且與男性不合，遭嫉或爭鬥凶，使你受氣，亦有官非災禍、工作受阻、失業之災。要小心眼睛、頭部、心臟、腦部疾病，不容易好，亦有中風的可能。此運是甲年生的人會遇到的運程。萬事不吉，宜小心度過。

亥宮

在亥宮的大運是空宮運，有廉貪相照：此運是壞運，運氣很差。空宮運本來就是運氣空茫的，運不強的，走此運就會茫然、性情不定，做事沒有目標，易受外界影響。若是對宮又有廉貪等陷落的星相照，表示外界的環境又是一種人緣極差，機會全無，不受尊重、喜酒色財氣，是極惡劣的環境。自然想努力變好也是不太可能的事了。此運中，錢財不順，常會失業。沒有考試運、升官運，萬事不吉了。

在亥宮的文昌運：此運中，文昌居平，對宮又有廉貞相照。此運是糊塗、政事顛倒之運。（因文昌遇貪狼即為糊塗、政事顛倒。）為人也不精明、計算能力不好，不會理財，智慧也低。人的氣質普通不算好，文化素質也不高。故此運沒有考試運、升官運。在感情方面也不順，人緣不佳，說話剛直，很衝，不討人喜歡。

在亥宮的文曲運：此運中，文曲是居旺的。因此人逢此運，口才好、桃花也多一些，是潑辣、熱情的糊塗邪桃花。容易和人同居，或有婚外情，行為不檢點，也易讓人看不起。邪桃花的感情也維持不久，會有起伏。不過此運稍有財祿，可過活。但財不多，賺的是口才得財的錢。在考試運和升官運上並不佳。有臨時貴人，時間點好的話，也能有人提攜。

在亥宮的左輔運或右弼運：此運中，左輔、右弼的運不強，因相照的是廉貪，故左、右二星幫助你的是低落的運氣，可稍有生活之資，但不富裕，人緣也不好，機會一丁點，沒有太多的助益。在考試上會重考。在升官上無機會。在感情上會做第三者，感情生活混亂。

在亥宮的祿存運：此運中稍有財祿，為衣食之祿，但不豐裕，可稍有餘存。此運為人保守，人緣極差，又小氣吝嗇，說話及做人處世都惹人討厭。只是小康生活，但卻有些自傲，不知天高地厚。在考試運、升官運上仍不吉。在感情運上也不算吉。

亥宮的陀羅運：此運中陀羅是居陷的，而且還和對宮形成廉貪陀『風流彩杖』格。故此運是笨運，而且還好酒色邪淫，鬧緋聞，也易聲敗名劣。此運中的人較無廉恥心，完全不在意別人的批評，定會做下笨事而後悔。此運中的人也比較悶，內心多是非糾纏，也與人多是非，或有男女感情上的是非糾紛，讓自己更爬不起來。此運適合做軍警武職的人做競爭、爭鬥，但仍有桃花糾紛。

在亥宮的火星運或鈴星運：此運中多爭鬥，也多意外災禍，但有暴發運，可爆發錢財。是『火貪格』或『鈴貪格』。因火、鈴在亥宮居平，故爆發的錢財較少，只有數萬元或一、二十萬元之譜。此運要小心車禍、傷災、血光等問題。對考試、升官、感情等運皆不好。

地劫、天空同宮的運程：這是子時生的人，有地劫和天空並坐入亥宮的運程。此運中萬事皆休，一切空無。賺錢賺不到，耗財又多，考試、升官、感情等運全無。因對宮是廉貪的相照，表示外面的環境也是極差的環境。此運中會很想看破紅塵出家。此運也要小心車禍或其他的傷災而喪命。

《請繼續觀看下冊中精彩內容》

《下冊目錄》

4 各種命盤格式中各官位所代表的意義

如何推算大運、流年、流月《上》

紫微面相學

《全新修訂版》

法雲居士⊙著

『面相』是一體兩面的事情，
我們可以從一個人的外表來探測其內心世界，
也可從一個人所發生的某些事情來得知此人的命運歷程。
『紫微面相學』更是面相中的楚翹，
在紫微命理裡，命宮主星便顯露了人一切的外在面貌、
精神與內在的善惡、急躁、溫和。

- 『紫微面相學』能從見面的第一印象中，
  立刻探知其人的內在性格、貪念，與心中最在意的事
  與其人的價值觀，並且可以讓你掌握到此人所有的身家資料。
- 『紫微面相學』是一本教你從人的面貌上，
  就能掌握對方性格、喜好，並預知其前途命運的一本書。
- 『紫微面相學』同時也是溫故知新、面對自己、
  改善自己前途命運的一本好書！

紫微談判學

法雲居士⊙著

現今工商業社會中，談判、協商是議事的主流。
每一個人一輩子都會經歷無數的談判和協商。
談判是一種競爭！也是一種營謀！
更是一種雙方對手的人性基因在宇宙中相遇激盪的火花。
『紫微談判學』就是這種帶動人生好運、集管理時間、組合空間、營謀智慧、人緣、創造新企機。
屬於『天時、地利、人和』成功法則的新的計算、統計、歸納的學問。

法雲居士用紫微命理教你計算、掌握時間的精密度，繼而達到反敗為勝以及永遠站在勝利高峰的成功法則。

紫微斗數格局總論

法雲居士⊙著

這本書是將紫微斗數中所有的命理特殊格局，不論是趨吉格局，如『君臣慶會』或『陽梁昌祿』或『明珠出海』或各種『暴發格』等亦或是凶煞格局，如『羊陀夾忌』、『半空折翅』、或『路上埋屍』或『武殺羊』等傷剋格局，都會在這本書中詳細解釋。

這本書中還有你平常不知道的很多命理格局。要學通紫微命理，首先要瞭解命理格局，學會了命理格局，人生的問題你就全數瞭解了！

算命智慧王

法雲居士⊙著

《算命智慧王》一書的內容主要是將算命此行業的業務內容做一規範作用，好讓銷費者與卜命業者共同有一可遵循的模式，由此便能減少紛爭。世界上愛算命的人口多，但只喜歡聽對自己有利之事，也只喜歡聽論命者說自己是富貴命，常有命相師會投其所好而斷之，等到事情沒有應驗而又怨之。此書讓大家了解算命該怎麼算？去問問題該問些什麼？究竟命理師該告訴你些什麼呢？如果算命結果不如你願時還要不要再繼續找人算呢？有關算命的問題都在這本書中會找到答案。